Au Delà ...

Voyage dans l'Au delà
aux frontières du monde des vivants

Fiction interactive écrite par Jacky BOURGOGNE

La Vérité dépasse et dépassera toujours tout ce que l'homme peut imaginer. Mais après tout qu'importe !
La quête de la vérité auréolée de son halo de mystère est peut être plus passionnante qu'une vérité qui pourrait s'avérer somme toute décevante.

Cette histoire se présente sous la forme de littérature fantastique et quelque peu fantasmagorique. Cependant cet écrit par son contenu philosophique, théologique et théosophique[1] ambitionne de faire une synthèse de quelques principales religions du passé vers une recherche progressive d'un absolu, plus en accord avec notre temps.

J'ai tenté dans cette histoire de dénaturer le moins possible le dogme d'origine des religions citées, après m'être documenté au mieux.

Je m'excuse donc par avance si ces fictions qui n'engagent que moi puissent choquer les convictions religieuses de certains croyants.

Ce livre est interactif dans le sens où il peut se lire de façon classique, c'est à dire « d'affilée », ou en le parcourant d'un épisode à l'autre en fonction du filtre de religion souhaité, sans discontinuité de l'histoire.

De plus, comme il y est fréquemment question de dualité, chaque dogme choisi propose deux choix de suite possibles. Ce qui génère huit chutes différentes à cette histoire, certaines heureuses, d'autres douloureuses.

S'ensuivent sous forme d'épilogue des idées philosophiques concernant la spiritualité et l'évolution de nos sociétés, où il vous sera proposé de poursuivre plus avant dans un monde d'interactivité.

Il ne me reste plus qu'à vous souhaiter bonne chance, en espérant pour vous que vous reveniez bien indemne de ce voyage initiatique vers l'absolu et y trouviez un rudiment de réponse à vos questions.

---

[1] La théosophie est une doctrine qui soutient que toutes les religions sont des projections et tentatives de l'Homme de connaître « le Divin », et que, par voie de conséquence, chaque religion possède une partie de la Vérité.

Sommaire

Un jour d'hiver dans un futur pas si éloigné.

De la fenêtre sale et embuée de ma chambre de bonne, je pouvais apercevoir des hordes de mendiants et de zonards, à l'affût, arpenter les trottoirs boueux d'un Paris surpeuplé et enfumé.

« Mais quel monde de merde ! » j'ai lancé. Cette subtile réflexion m'était en fait inspirée par le manque d'enthousiasme que me procurait cette nouvelle ère naissante, et il y avait de quoi !

Les grands dirigeants de ce monde avaient presque terminé leur œuvre qui consistait, face à une surpopulation galopante, à dévaster les ressources de la planète à grands coups de mondialisation sauvage, pour le bien de l'humanité.

S'en était bien sûr ensuivi de terribles famines, massacres, épidémies sans cesse jugulées en des bains de sang par des politiciens avides et en mal d'extrémisme de droite, de gauche et même du milieu. Politiciens véreux d'une politique en laquelle chacun avait depuis longtemps cessé de croire !

Survivre et chacun pour soi, était devenu depuis longtemps le leitmotiv préféré de tout un chacun, préféré en tout cas aux discours des autorités vantant les joies de l'austérité à une population désespérée. Et elle avait de quoi l'être ! Car mijotant dans ce bouillon de pollution et de surpopulation, jamais la criminalité n'avait atteint de tels sommets.

Dans ce bourbier, moi, Jack Burgondy, 33 ans, faisais plutôt figure de privilégié, car un destin aveugle et sourd à mes prières d'artiste que j'eusse tant rêvé être, avait fait de moi l'un des tous derniers fonctionnaires d'une société de téléphonie autrefois prospère mais aujourd'hui privatisée et en faillite.

L'état, lui aussi en faillite mais tenu d'assurer ses engagements, persistait donc à me verser quelques miettes de salaire afin de me nourrir, et surtout de me permettre de m'abreuver l'esprit avec le dernier tranquillisant légal à la mode nommé Extazilum.

Cette substance permettait en effet d'oublier les soucis dus aux dures réalités extérieures, car elle nous maintenait sur un nuage d'ivresse modérée, sans trop d'effets secondaires. Enfin, même avec ça ce n'était pas vraiment le Pérou.

Le Pérou ! Cette vieille expression désuète fit, reste d'extazilum aidant, apparaître un large sourire béat sur mon sombre visage. Car au Pérou, c'était clair , le nombre de survivants aux dernières épizooties ou zoopathies foudroyantes devait tenir sur les doigts des quelques mains, entachées de sang, des grands de la finance qui leur avaient donné le jour.

Enfin bref , pour en revenir à l'extazilum, cette drogue bon marché était fabriquée et distribuée par de grandes multinationales pharmaceutiques avec la bénédiction de l'état, heureux d'avoir sous la main un nouvel opium du peuple. D'autant plus que l'alcool était devenu hors de prix, et quasiment introuvable, depuis les fréquentes mises à sac des systèmes de distribution classique, -des supermarchés quoi !

C'est dans ce joyeux contexte qu'après en avoir absorbé ma ration mi-journalière, je visionnais d'un œil torve des pubs pour produits de consommation, que plus personne n'avait depuis longtemps les moyens d'acheter, lorsque m'extirpa de ma quiétude léthargique un flash d'actualité -sponsorisé par le magazine du "Néo pèlerin".

« La mort n'est pas une fin ! » affirmait un tout jeune présentateur aux yeux bleus fluorescents. « Le professeur Siddhârta, de l'université de Lhassa, prétend détenir les preuves que notre fin ne serait jamais que provisoire ! Face au scepticisme des communautés évangéliques et scientifiques, celui-ci aurait affirmé avoir fait lui-même un voyage dans l'au-delà et en serait revenu... transformé ! Nous l'imaginons aisément !... »

Tout fier de son brillant trait d'humour, celui ci passa ensuite à un autre sujet bien plus essentiel pour son audimat - le sacro-saint Football, l'autre opium du peuple - plutôt que de nous informer de ce qui se cachait derrière la vie.

« Un voyage dans l'au-delà... ben voyons ! » fit ma partie éveillée. Savent plus quoi inventer maintenant... Ça, ce doit être un plan du gouvernement pour se débarrasser de la surpopulation ... en tous cas avec tous les désespérés qui traînent sur cette terre, ils n'auront pas trop de mal à trouver des clients pour ce voyage organisé, tous frais payés ! » ai-je émis cyniquement, avant que mes pensées ne fassent de nouveau place à la béatitude douillette de l'Extazilum. Puis, je crois que j'ai dû m'endormir...

Car c'est alors que je fis ce songe étrange et quelque peu pénétrant. J'eus la vision d'un paysage franchement irréel. Il y faisait plutôt chaud, car il y avait pas mal d'hommes et de femmes dévêtus, baignant dans une sorte de lac de brume rosée en laquelle ils jouaient et se bagarraient en riant, tels des enfants... Ils étaient beaux et leur joie était communicative.

L'une d'entre eux, irradiante de beauté se retourna et s'adressa à moi: « Viens avec nous Jack ! dit-elle . La vraie vie est ici ! »

Sur le coup, j'avoue que je ne demandais vraiment pas mieux, aussi m'entendis-je lui répondre :

— Oui, avec plaisir ! Mais comment ?

— Va voir l'homme de Lhassa... Celui qui connaît le passage ! Le passage vers l'au-delà via les portes du rêve !

— Le passage vers l'au-delà... Mais alors, c'est que vous êtes...   morte ???

— Oui ...et non ! Car la mort n'existe pas Jack ! Du moins celle de l'esprit immortel. La mort, ce n'est qu'une angoisse existentielle, une fable pour que les hommes vivent jusqu'au bout de leur destinée, car s'ils connaissaient ce secret ils seraient trop tentés d'abréger leurs souffrances !

— Ce... C'est impossible, vous n'êtes qu'un rêve, d'ailleurs si ce que vous dites était vrai, cela ne serait plus du tout un secret pour l'humanité, puisqu'en tant qu'humain, j'en ferais part à qui veut bien l'entendre !" lui rétorquai-je de ma logique hautainement humaine.

Mais c'est du même ton calme et serein, et soulignant toujours ses paroles d'un sourire à faire bander un mort, qu'elle me répondit :

— C'est tout à fait exact et si je m'adresse à toi, c'est parce que tu es l'élu, Jack ! Toi,... comme d'ailleurs bien d'autres avant toi au cours de siècles, avez été désignés afin de révéler au monde cette vérité. C'est la voie que... appelons le " L'Esprit Eternel " a choisie afin de sauver l'homme de lui-même.

— L'esprit éternel ? Mais c'est qui ça ? ... Dieu ? Dans ce cas pourquoi aurait-il besoin de moi, spécialement, pour régler ses comptes avec les hommes ? Je n'ai nulle envie de devenir un néo prophète ! Surtout lorsqu'on connait la fin misérable de leur destinée.

— Je ne puis te répondre car la complexité et le fonctionnement de l'univers invisible n'est pas à ta portée, du fait même de ton statut provisoire d'être humain ! Mais ne pose plus de questions Jack, re-joins-nous et je te promets de donner réponse pour chacune de tes questions ! ... Même les plus intimes », ajouta-t-elle dans un souffle, avant qu'elle et tout ce charmant petit monde ne s'estompent dans les limbes de mon cerveau.

Lorsque je sortis de ma torpeur, l'émotion de tendresse et d'amour suscitée par ce songe resta imprégnée en moi et mille questions assaillirent mon cerveau.

« Je sais bien que tout cela, c'est du pur délire dû à cette drogue, mais je n'ai encore jamais eu de pareilles visions. Est-ce que je suis en train de devenir barjot, ou est-ce qu'une parcelle de vérité se cache derrière tout ça ? Après tout, ce Professeur... Machin-chose existe bel et bien, je l'ai entendu tout à l'heure sur le visio... comment s'ap-pelait-il déjà ? »

J'ai alors repassé en arrière à vitesse rapide, la mémoire tampon du Visio. Genre de postcast étendu, probablement d'utilité publicitaire, qui conservait en permanence les dernières heures d'émission, au cas où l'utilisateur souhaiterait retrouver des informations, ce qui était justement le cas...

« Ah, voilà ! »

[...fesseur Siddhârta, de l'université de Lhassa, prétend détenir les preuv...]

« En voilà un drôle de nom ! Pourquoi pas carrément le Bouddha. Sans doute le pseudo d'un illuminé. Bon, vérifions à tout hasard s'il a des coordonnées perso c' t'homme là », j'ai dit en cliquant dans un coin du vieil Omnium-Visio, une sorte de micro-ordinateur, combi-nant entre autres les fonctions de téléviseur ordinateur et visiophone, et branché en permanence sur intranet et internet afin d'assurer du télétravail pour mon boulot - les transports en commun étant devenus tellement peu sûrs et aléatoires… « Siddhârta … Lhassa »   j'ai tapé dans un onglet de l'écran réservé à une sorte d'annuaire mondial nommé Worldvision. Aussitôt la voix mécanique fatiguée issue du micro ânonna : "Crrrr Il y a un-e ré-pon-se à vo-tre de-man-de Crrrr "et une adresse avec plan satellite et contact visiophonique apparut sur l'écran.

« Ça alors, il s'est même pas mis sur liste de messagerie privée ! Ben avec la pub qu'il vient de se faire dans le monde entier, il aurait plutôt intérêt à se grouiller de le faire. Sauf si son but est de se faire un max de pub pour attraper des gogos afin de monter une nouvelle sect… » mais mes cogitations furent brutalement interrompues à cet instant, lorsqu'à ma grande surprise, le visio amorça de lui-même la mise en contact ! En tout cas, j'en aurais mis ma main à couper, et avant que je ne puisse l'interrompre, un homme d'un certain âge apparut à l'écran.

De son visage, mi-occidental, mi-oriental, encadré de cheveux blancs et longs, émanait une certaine impression de sagesse, qui me fit immédiatement penser à l'astrophysicien Hubert Reeves. Ce qui remit quasi instantanément en doute mon à priori négatif sur sa personne. Hubert Reeves que j'appréciais beaucoup n'avait il pas écrit dans son livre « Poussières d'étoiles » que pour aboutir à l'homme actuel, faute de preuve d'existence d'un Dieu, « s'il y avait une intention cachée dans la nature, elle aurait fait exactement ce qu'elle a fait »
— Jack Burgondy ? Enchanté. Je t'attendais ! dit l'homme d'une voix douce, teintée d'un léger accent indo-oriental.
— Heuu… Bonjour. Mais comment savez-vous mon vrai nom ? Car sur Worldvision il n'y a que mon pseudo. D'ailleurs je m'excuse mais je ne vous ai pas appelé ! C'est mon visio qui…
— Je sais ! me coupa-t-il avec un étrange sourire. « J'ai simplement abrégé un peu tes doutes et tes incertitudes. Car de toute façon, tôt ou tard tu allais m'appeler, n'est ce pas ?
— Et bien … Oui ! Enfin… Non ! Je ne sais p…
— Mais si mon fils ! Au fond de toi, tu le sais bien ! affirma-t-il sans se départir de son énigmatique sourire. Mais ne perdons pas davantage de temps en questions futiles. Car le temps est notre meilleur

allié, mais aussi notre ennemi de toujours ! As-tu des questions qui ne soient pas superficielles à me poser ?

— Sans doute. Heeu... Père ! Est-il vrai que vous ayez fait une expérience Death Return... enfin...que vous ayez quitté le monde des vivants ?

— C'est exact ! Mais cela n'a rien d'exceptionnel ! Moi, toi, ainsi que tous les humains faisons quotidiennement ce genre de voyage. Car le monde des rêves nous ouvre chaque nuit les portes d'une autre réalité, que nous nous empressons dès le réveil d'oublier.

Mais pour répondre plus précisément à ta question, oui, j'ai créé une invention qui permet de faire ce que vous appelez une "Near Death Expérience"... un voyage vers le grand continent de la mort... et qui permet aussi, bien sûr, d'en revenir ! Te sens-tu prêt à faire l'expérience d'un tel voyage ?

— Je ne sais pas… enfin … Oui quelque part, je crois que ça me tenterait bien ! Car je n'ai plus grand chose à perdre dans cette vie... mais en même temps… j'avoue que ça me fait un peu peur... Si vous pouviez m'en dire un peu plus sur ce qui m'attend de l'autre coté...

— Cela mon fils, je ne puis te le dire car de chacun de nous jaillit sa propre vérité ! C'est pourquoi il ne me servirait à rien de te relater ma propre expérience ! Mais en revanche, je puis toutefois t'assurer que la vie et la mort ne font qu'un ! Que de la grande roue céleste du temps alterne sans cesse un état, puis un autre, tout comme le cycle immuable des saisons ! Car vois-tu, la vie comme la mort font partie d'un même plan de réalité ! Complémentaires ils sont, indissociables, ils demeureront !

Il s'interrompit un instant et le temps demeura comme...suspendu à ses lèvres…

 Mais malgré le plaisir que j'éprouve à deviser en ta compagnie, il me faut à présent te quitter, car je sens que l'on a besoin de moi...ailleurs ! reprit-il.

Cependant ne crains rien, dès que tu seras prêt, j'ouvrirai pour toi les portes du passage vers l'absolu, et là tu trouveras toi-même réponse à toutes tes questions...

Alors à très bientôt mon cher Jack ! »

Face à l'écran demeuré vide, je suis resté là, longuement, bouche bée tel un demeuré, profondément troublé par cette conversation fort insolite.

« Quelle expression avait-il employée déjà ?   Ah oui... les portes du passage... tout comme dans mon rêve...   Va voir l'homme de Lhassa, il sait comment ouvrir les portes du passage...   Que de coïncidences... serait-il possible que cet homme soit réellement allé jusque...

Oh et puis après tout qui ne risque rien n'a rien ! » ai-je soudain aboyé en me levant brusquement.

« Et puis qu'est ce que j'ai à perdre ? Ma vie sentimentale est un désastre, et cette vie banale, totalement dénuée d'intérêt et d'une forme quelconque d'aventure ne m'intéresse plus. Pourquoi vouloir s'accrocher à ce monde égoïste où règne le chacun pour soi et chacun chez soi ?

Chez soi à rester prostré sur son nuage d'extazilum !

D'asilum serait d'ailleurs plus approprié comme nom! Comment en effet ne pas devenir cinglé dans ce monde où tout le monde a peur de tout le monde, des fois que « l'Autre », notre meilleur ennemi naturel, ne lui pique son fric ou son boulot ?

Ce monde de cloîtrés où même pour baiser, il faut utiliser le cyber-sex-system ! Belle invention ! Mais comment faire autrement avec le couvre-feu la nuit et ces patrouilles incessantes des défenseurs de l'ordre, armés jusqu'aux dents afin de défendre un ordre établi par une minorité de puissants emmitouflés dans leur peur maladive du désordre !

Non, c'est décidé, même si je me plante, j'aurais au moins eu, ne serait-ce qu'une fois dans ma vie, ce qu'il nous manque tant, à nous tous aujourd'hui sur cette terre :

" La soif d'exister ! "

Et c'est ainsi que tandis que mon cerveau ressassait sans cesse tout l'humour de ce délicieux paradoxe: « Aller découvrir au plus vite la sensation d'exister en mettant fin à son existence », je préparai avec excitation mon départ, rassemblai mes maigres économies, bradai le vieil omnium-vision, que je n'aurais jamais les moyens de remplacer,

et ce faisant, mettais une croix sur mon unique moyen d'existence ...
et sur mon ancienne vie.

Quelques jours plus tard, je pris le premier vol pour ce long voyage
vers l'inconnu, qui devait tout d'abord me mener à Lhassa, l'ex-cité-
temple de la sagesse tibétaine...

Lhassa, capitale de l'ex-Tibet rebaptisée Xijang par les envahisseurs chinois, se situe dans la partie Orientale Nord des envoûtantes montagnes du Népal.

Pourtant cette ville exhalait toujours un doux parfum de mysticisme sans doute dû à son histoire et son cadre de vie agrémenté de multiples temples et pagodes. D'autant plus que la ville est dominée par l'imposant palais du Potala à l'architecture remarquable construit sur une colline dominante par le cinquième dalaï-lama et qui fut le lieu de résidence principal des dalaï-lamas qui lui succédèrent, jusqu'à la fuite du quatorzième dalaï-lama en Inde après le soulèvement contre l'armée chinoise en 1959.

Depuis l'invasion, acharnement des dirigeants chinois à s'approprier et falsifier les fondements du bouddhisme tibétain dans le but de rendre ce territoire aussi stérile que le reste de leur pays. Stérilité justifiée par les dirigeants dans leur quête insensée de devenir champions du monde dans la production de produits de consommation aussi peu coûteux qu'inutiles et d'ailleurs inutilisables en un temps record. Après le communisme pur et dur, l'ultra capitalisme. « Il y a vraiment des peuples qui n'ont pas de chance, me dis-je.

Quant au parfum de mysticisme, peut-être que ces vibrations mystiques proviennent également du climat. Il est clair que si le lourd climat chaud des régions plus proches de l'Equateur semble conduire invariablement à la plus extrême instabilité des esprits, ce qui rend fort propice l'épanouissement de nombre de dictateurs d'opérette, par contre le climat rude mais d'une pureté magique de ces montagnes distille un apaisant parfum de rêve pour tout mystique ou théologien. »

A mon arrivée au point de rendez vous fixé, un guide souriant mais peu loquace, m'attendait. Bien que je n'aie nullement informé le Professeur du jour exact, ni de l'heure de mon arrivée. Mais j'étais loin d'être au bout de mes surprises quant à son étonnant don de clairvoyance.

Après quelques heures d'une longue marche dans un paysage magique, en premier lieu le long du fleuve Lhassa où abondaient des champs de fleurs de colza aux couleurs d'un joli jaune vif , puis en grimpant par des sentiers escarpés vers de mystérieuses montagnes embrumées, nous parvînmes enfin à un ancien monastère bouddhiste, magnifiquement conservé où le professeur avait élu domicile.

Celui-ci ne fut guère surpris de me voir, et m'accueillit avec une extrême gentillesse. Je pus plus précisément me rendre compte par son léger accent indo-oriental qu'il était de type Eurasien avec une prédominance Indienne et qu'il manipulait parfaitement la langue française.

Plus tard j'appris qu'il avait fait une thèse de physique appliquée sur les champs magnétiques en France, puis une retraite théologique au contact de moines tibétains, authentiques compagnons du Dalaï lama, avant de se retirer ici.

C'est ainsi qu'à ce premier contact, tous les doutes qui m'assaillaient encore sur une éventuelle supercherie mégalomaniaque, propre aux faiseurs de sectes en tout genre, s'envolèrent.

Un peu plus tard, après m'avoir resservi une tasse d'un excellent thé indien aux saveurs variées ravissant mon palais, il me dit d'une voix légèrement exaltée: « Ecoute ceci. Ce sont d'authentiques rites incantatoires sacrés tibétains enregistrés en ces lieux il y a près d'un demi-siècle ! La bande magnétique malgré tout ce temps s'est miraculeuse-

ment bien conservée. C'est pour moi d'une valeur inestimable !
Pense qu'au-delà du contenu, c'est ce défi au temps livré par l'esprit de l'homme à travers sa technologie qui est enrichissant d'un point de vue humain.
D'ailleurs qu'est ce qui inspire à l'homme ce vent constant de création ?
Le vent ne souffle-t-il pas sans cesse sur la même plaine du temps ? ajouta-t-il d'un de ses sourires inspirés dont lui seul avait le secret.
Bien que n'ayant nullement saisisa métaphore du vent sur la plaine, j'acquiesçai bêtement. Puis bien que je tombais de sommeil, je fis néanmoins semblant d'être hautement intéressé par l'écoute du dit défi technologique. Ce en quoi j'eus du mérite !
Car ce que mon oreille percevait s'apparentait à des chants, comment dire… plutôt gutturaux, voire même quasi-maléfiques.
Ces "chants" étaient ponctués de coups de cymbales et de sortes de barrissements sourds. Le tout couvert d'un vent violent, dû au souffle inhérent à l'âge canonique de la bande magnétique miraculée.
Eteignant enfin l'appareil, il s'est tourné vers moi, ses yeux dans le vague semblant fixer un monde invisible
— Je savais que tu viendrais ! Après moi, tu seras le second ... Mais bientôt, bien d'autres suivront ! Et même si tu choisis de ne pas revenir, tous admireront ton courage et voudront suivre ton exemple jusqu'à ce que, ce qui doit s'accomplir, s'accomplisse... l'Ultime événement... »
Malheureusement il ne termina pas sa phrase et resta là face à moi, la bouche entrouverte, l'air illuminé, comme irradié par une lumière intérieure. Ou peut être était-ce un effet de mon imagination.
Ne sachant trop comment réagir, ayant le sentiment d'être de toute façon bien trop fatigué par le voyage pour formuler les multiples questions qui m'assaillaient, j'eus l'inspiration de me racler la gorge.
Ce qui eut pour bienheureux effet de lui rappeler ma présence.
« Mais je t'ennuie avec mes histoires alors que tu tombes de fatigue !
Si si, viens te reposer ! Une petite sieste te fera le plus grand bien.
Et si tu le permets, comme la conjonction astrale nous est très propice aujourd'hui, je vais profiter de ton sommeil pour effectuer quelques enregistrements des rythmes de tes ondes delta. Ceci afin de prérégler ma... machine à surfer sur la crête des rêves ! »

C'est ainsi qu'en guise de surf, je me retrouvai affublé d'une douzaine d'électrodes qui me faisaient penser à une araignée géante se promenant sur mon crâne.

Ce qui, malgré mon extrême fatigue, rendait inconfortable mon plongeon dans ce foutu sommeil qui depuis toujours ne m'engloutissait que selon sa volonté propre ! Alors pour ce qui était de surfer sur mes rêves, il pouvait toujours s'accrocher le père Siddhârtha...

De plus, les voix du doute, sur fond de "Ohmmms " gutturaux et limite maléfiques, résonnaient encore malgré moi dans ma tête : « Avais-je ou non affaire à un illuminé ? »

Et puis comme d'habitude sans prévenir, le sommeil m'engloutit...... et les personnages familiers de mon songe enchanteur réapparurent, toujours aussi beaux et sereins. Ils avaient l'air très heureux, persuadés de ma venue prochaine, et leur joie se manifesta par de telles démonstrations affectives... que j'en eus une érection !

Sur le coup j'eus plutôt honte, ne sachant trop comment cacher l'objet responsable, d'autant plus que, fort curieusement, j'étais totalement nu. Mais alors la même créature de rêve s'approcha de moi et posant un doigt vers l'objet du délit, instantanément le fit disparaître.

— Ici, nous n'avons pas besoin de ça ! m'assura t-elle. Mais ne t'inquiète pas, lorsque tu seras parmi nous cela ne te manquera nullement ! Car il existe en notre monde mille et un objets de jouissance, qui te procureront un plaisir infiniment supérieur ! Tu verras, tu ne le regretteras pas Jack ! » ajouta t'elle avec un sourire des plus illustratifs sur ses propos.

Mais quelque peu inquiet malgré tout par ce subit changement de libido, je baissai les yeux et m'aperçus alors avec horreur qu'à la place de mon entre-jambe il n'y avait plus que du vide !

Un trou béant à travers lequel je pouvais apercevoir le sol ! Je me mis aussitôt à paniquer et poussant un cri d'effroi, le monde autour de moi s'estompa avant que de s'évanouir totalement...................

.... et je me suis alors violemment réveillé, avec cet affreux sursaut que vous donne cette sensation malséante de crash après une chute rapide. J'étais complètement couvert de sueur.

— La nature a horreur du vide, me sourit le professeur penché sur moi. C'est certainement ce qui t'a fait rebasculer dans le monde éveillé !

— Vous... vous savez de quoi j'ai rêvé ? ai-je fait, en rougissant.
Alors dites-moi ! Ce monde dont je rêve sans cesse, ce monde paradisiaque, est-ce qu'il existe réellement ?

— Et bien oui... et non ! Ces songes que tu perçois sont l'aspect onirique d'une autre réalité ! Ces images, dans leur contexte ne sont là que pour retranscrire une charge émotionnelle liée à ta sensibilité humaine. Néanmoins, tout cela repose sur une réalité... pour toi !

Il s'interrompit un instant puis reprit : Je sais combien tout cela a l'air compliqué pour un non initié, mais tu trouveras réponse à toutes tes questions... de l'autre coté, dés que tu seras prêt à faire le grand saut.

— Justement, à ce propos avant de me projeter dans l'inconnu, mes angoisses s'apaiseraient un peu, je pense, si vous m'expliquiez le principe de votre appareil à... heuu ... surfer !

— Si tu le souhaites. C'est assez simple en fait ! Il s'agit tout simplement de l'application électronique d'un principe physique vieux comme le monde. Tu sais sans doute, que ce qui constitue la matière est un assemblage d'atomes organisé de façon plus ou moins complexe. Ainsi ce qui différencie, cette table par exemple du corps humain est sa composition subatomique, c'est-à-dire en fait sa différence de séquence vibratoire.

Car toute matière est vibration, et cette vibration se caractérise par des fréquences différentes selon les êtres et les espèces... Or, nous savons depuis longtemps que le cerveau, lors du sommeil, entre également dans des phases vibratoires très particulières, sous forme de cycles en fait, de pulsations semblables à celles des ondes qu'émet un champ électrique.

Et bien, sans entrer dans les détails techniques, disons que mon invention est tout simplement un assemblage électronique d'un capteur-amplificateur artificiel de ces ondes.

Surtout de celles qui correspondent précisément au sommeil paradoxal, car c'est surtout lui qui nous intéresse ! Cet état mystérieux où l'intensité de travail du cerveau est équivalente, voire supérieure à l'état de veille, alors même que notre enveloppe corporelle est totalement vide et paralysée.

Ainsi, vois-tu, en accentuant cette phase, l'on obtient des ondes qui une fois sur-accélérées pour atteindre une vitesse superlumineuse, c'est à dire supérieure à la vitesse de la lumière, sont renvoyées vers le cerveau.

Ce qui lui permet d'atteindre un stade vibratoire si intense et rapide qu'il permet à l'esprit de se désincorporer.

D'abandonner son enveloppe terrestre, pour aller surfer dans … l'au delà par la porte des rêves ! »

Son regard quasi-extatique en disait long sur ce qui pouvait s'y trouver, et je n'eus définitivement plus aucun doute sur le fait qu'il y soit bien allé. Cependant comment avait-il bien pu faire pour en revenir ? C'est ce que je lui ai demandé.

— C'est là qu'interviennent mon expérience et mon savoir-faire, fit-il avec une pointe d'orgueil assez inhabituelle. Pour partir, comme pour revenir, il faut programmer une stimulation d'une certaine structure du corpus cérébral, puis l'inverser, et ce, avec une précision absolue.

Car tout comme la corde trop tendue d'un instrument casserait, trop d'amplification conduirait à un non-retour ! De même, pas suffisamment tendue, cette corde ne produirait pas de son.

Un disfonctionnement malheureux qui dans ce cas occasionnerait fort probablement des malaises cardiaques et neuro-psychiatriques...

Puis s'apercevant soudain que j'étais en train de changer de couleur, il ajouta avec un sourire qui se voulait rassurant : « Il n'y a strictement rien à craindre dès lors que l'on sait choisir la voie du milieu. C'est un vieux principe Bouddhiste ! »

Il me prit alors la main en déclarant « Ne t'inquiète pas mon fils. Ma machine est programmée pour s'auto étalonner en fonction des données recueillies pour chaque individu. Et pour ma part chaque voyage s'est toujours parfaitement bien déroulé ! »

— Heeu... Bon, il faut bien que je vous fasse confiance! Je n'ai plus les moyens de revenir en arrière maintenant de toute façon. Mais ça, je l'ai gardé pour moi. « Alors, A Dieu va ! Que dois-je faire et comment allez-vous m'exécu... heu...allez-vous procéder ?

— Tout d'abord, ce petit lapsus prouve que tu as grand besoin de te détendre. Un peu de yoga apaisera ton corps et fortifiera ton esprit. Puis une fois atteint ce stade, tu seras définitivement prêt.

Et effectivement après quelques heures de postures zarbis, et d'enseignement de l'art de la maîtrise de mon souffle, mes dernières craintes petit à petit s'évanouirent, et c'est avec confiance que je mis le masque-araignée magique, qui allait me permettre de visiter enfin l'invisitable et de trouver qui sait, réponse à la question des questions: « Y a-t-il quelque chose après la vie ? » en découvrant ce qui se cache derrière.

Du moins, normalement...

La nuit venait de tomber. Au loin des chiens errants hurlaient à la mort. Malgré l'ambiance et la gêne occasionnée par l'imposant casque-concentrateur de flux d'énergie relié à un puissant ordinateur, une lourde torpeur commença à s'immiscer en moi.

« Hmmm… Nous y sommes presque ! m'assura le Professeur, en lisant de longs diagrammes encéphalographiques. Attention, je vais à présent actionner l'amplificateur ! »

Un Dzziii aigu me lacéra immédiatement le cerveau.

« Ce n'est rien ! Cela va s'atténuer d'ici quelques secondes ! Aussitôt que ton cerveau passera du rythme de relaxation Alpha, encore trop riche en fréquences vibratoires, à Gamma, second stade de l'endormissement. Bois ceci. C'est un breuvage relaxant à base de passiflores et d'aubépines que l'on trouve dans nos montagnes. A présent, respire profondément et détends toi. »

Effectivement, je me sentais maintenant sombrer rapidement et l'horrible grésillement s'affaiblit peu à peu. Mon dernier souvenir fut cette question bizarre, au son ouaté, comme venant d'un autre monde déjà, que je jugeai tout à fait incongrue dans ce contexte:

« Au fait ! Est-ce que tu as des convictions religieuses ? Car cela a de fortes chances d'influencer le cours de ton voyage. »

Ici, O lecteur, il te faut choisir ta voie !

En fonction de tes aspirations ou inspirations, opte pour:

La foi Chrétienne ça tout le monde pense connaître mais...

 **Pages suivantes**

La foi Musulmane ou le choc des cultures.

 **Page 47**

La philosophie Bouddhiste Une philosophie plus qu'une religion parmi les plus anciennes du monde, et du coup...

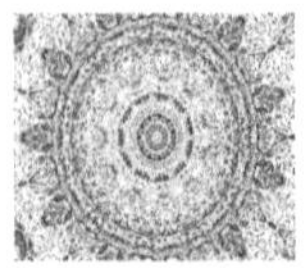 **Page 75**

Tu ne fais pas trop confiance aux religions et ton éthique personnelle fait de toi plutôt un **athée ou un agnostique** ? A toi de trouver ta voie

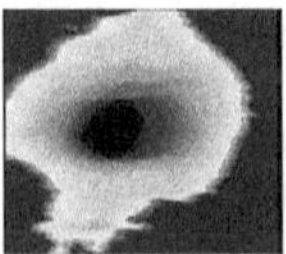 **Page 99**

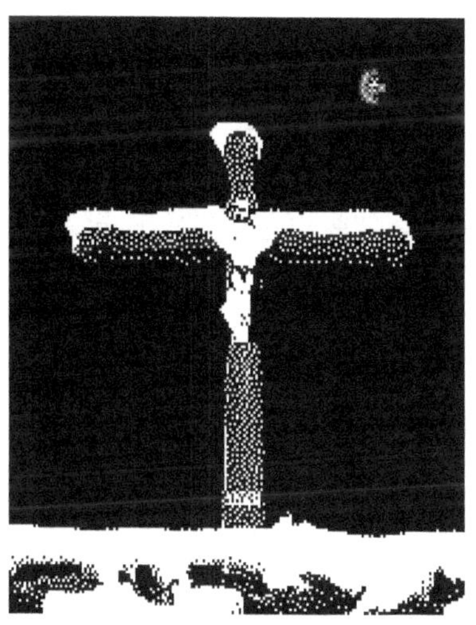

Chez les Chrétiens

« Au fait ! Est-ce que tu as des convictions religieuses ? Car cela a de fortes chances d'influencer le cours de ton voyage »

" Chrétienne ! " j'ai pensé, mais je ne sais pas s'il perçu ma réponse, car à ce moment précis, je me sentis alors rapidement aspiré vers le haut, comme dans un état d'apesanteur.

Je n'eus que le temps d'apercevoir en bas mon corps tout harnaché de fils électriques, et le bas de mon visage sous le casque, qui tremblotait comme de la gelée.

Ce qui me fit plutôt un sale effet !

Et puis... au lieu de m'élever dans un tunnel sans fin vers la lumière céleste de la miséricorde, comme dans toute expérience NDE digne de ce nom, -du moins selon le récit des survivants- soudain mon ascension prit fin et je me retrouvai dans d'épaisses ténèbres, plongé dans un silence absolu et des plus angoissants.

L'angoisse monta encore, lorsque j'eus soudain la certitude d'une présence invisible autour de moi !

— Où est-ce que je suis ? Pouvez-vous me répondre ? ai-je gémi.

Mais seul un souffle glacé me répondit.

Je sentis alors à l'endroit où il y a si peu de temps encore se trouvait le sommet de mon crâne, mes cheveux virtuels se dresser sur ma tête.

— Bienvenue au Royaume des Ombres ! émit le souffle.

— Noon ! paniquai-je. Ce n'est pas du tout ça qui était prévu ! Où sont mes amis du rêve ?

Une voix de stentor s'éleva alors, brisant littéralement le silence en une sorte de grand bruit de verre brisé.

— Tais-toi misérable ! Et réponds à la Question, puisque tu te dis Chrétien ! : As-tu observé scrupuleusement tous les commandements de la Sainte Bible, révélés par le fils de Dieu, mort sur la croix, afin de délivrer l'homme de la salissure de ses péchés ? » fit un inquiétant masque d'inquisition apparu soudainement à la faveur d'une torche dans l'obscurité.

— Oui ! Non … enfin pas tous !

— Pas tous hein ! rugit un second masque derrière moi.

 Sais-tu seulement que tu viens de commettre un ultime péché qui ne mérite aucun pardon Car nul n'a le droit de mettre fin à sa vie avant que le seigneur n'en ait lui-même décidé !

Eh bien ? Qu'as-tu à répondre pour ta défense à cet outrage à la divine volonté ? »

En un éclair, tout le paradoxe et l'injustice de cette situation m'apparurent violemment parmi le tumulte de mes pensées.

" Enfin quoi ! Je suis ici, ne l'oublions pas parce que Dieu m'y a appelé, et ces sinistres prédicateurs affirment que c'est contre la volonté du ciel que je... A moins que… Est ce que cette situation ne serait pas une mise en scène destinée à éprouver ma foi ?

Car si je dis que je suis ici par la volonté du Seigneur, ils me traiteront d'hérétique pour oser parler en son nom, et il y a de fortes chances que je me retrouve à passer de sales moments au milieu des flammes de l'enfer, tandis que si... "

— Jésus est mon Seigneur et Dieu l'a ressuscité d'entre les morts, me suis-je vu chapitrer, tout en tombant sur mes deux genoux virtuels, la tête baissée afin d'avoir l'air plus humble. J'ai péché, il est vrai par faiblesse, car ma détresse m'a égaré. Aussi ai-je décidé, par impatience et par lâcheté, de vivre avant mon heure le miracle de la résurrection, afin de me tenir au plus vite au côté de mon Seigneur tout-puissant !

Cependant j'en appelle à la grandeur de sa clémence, car celui qui croit dans son cœur, Dieu le déclare juste, et celui qui affirme de sa bouche, Dieu le sauve ! Sa parole est comme une lampe qui guide tous mes pas, elle est une lumière éclairant mon chemin. »

Je fus effectivement très inspiré, -surtout pour m'être rappelé en pareil moment mes rudiments de catéchisme- car à peine eus-je prononcé ces mots, que jaillit de tout autour de moi, une lumière douce et apaisante, assez semblable à la lumière du jour, mais en plus irréelle, car sans soleil, elle surgissait de nulle part et partout.
Je découvris alors que je me tenais maintenant sur un chemin semblable à celui d'un sentier de montagne escarpé.
Derrière moi, d'épais nuages noirs m'empêchaient de distinguer la vallée qui devait s'y trouver.
Je décidai de le gravir, sans effort, comme mû par la seule force de ma volonté. A son sommet se dressaient deux immenses voûtes de pierre étincelantes d'une étrange lumière dorée. Derrière ces curieuses portes, en contrebas s'ouvrait une vallée au fond de laquelle j'aperçus, avec une joie indescriptible, mes "amis du rêve" qui me faisaient signe de venir.
Seulement pour les rejoindre, chaque voûte ouvrait vers la vallée par deux chemins sinueux.
L'un des deux semblait y aboutir par d'élégantes boucles aux pourtours fleuris, tandis que l'autre avait l'apparence malsaine d'un sentier abrupt enchevêtré de multiples buissons épineux.

Ici, le pieux lecteur doit choisir lui-même sa voie.

Mais attention car les voies du Seigneur sont souvent impénétrables !

- En empruntant le chemin parsemé de fleurs >> **Pages suivantes**

- Ou l'abrupt sentier épineux   >> **Page 35**

Sur le chemin fleuri

Sans hésiter, je choisis le chemin le plus facile, afin de rejoindre au plus vite mes amis.

Grave erreur ! Car plus je m'avançais, plus le charmant sentier bordé de fleurs s'avérait pénible.

Au début, légèrement sablonneux, il devint très vite très boueux, puis carrément marécageux. D'autant plus que la pesanteur, qui avait disparu lors de mon ascension alors que je m'élevais à la vitesse de la pensée, était revenue. Mon corps se faisant de plus en plus en plus lourd à chacun de mes pas. Quand à faire demi tour, je n'y songeai même pas, pressé que j'étais de rejoindre mes amis dans leur vallée fleurie.

Sans compter que les charmants buissons de fleurs s'avérèrent rapidement être habités par la faune, première au hit-parade dans ma rubrique « ça me dégoûte », je veux parler de mes ennemis les serpents !

Ceux-là, en plus, n'avaient rien d'inoffensifs serpents de foire, ou d'une malheureuse couleuvre égarée comme il m'arrivait d'en croiser jadis au bord d'un chemin de campagne. Couleuvre qui encore plus effrayée que moi rampait alors à fond les balais afin d'échapper à l'inqualifiable habitude humaine d'attaquer et détruire le premier tout ce qu'il ne connaît pas et donc lui fait peur.

Ce qui ici, hélas, n'était pas du tout le cas ! Non, ceux-là franchement agressifs, sifflaient en tous sens au-dessus de ma tête et semblaient n'avoir qu'une idée en tête, venger leurs congénères pour tous les méfaits commis par la race humaine !

Du coup, faisant tout mon possible afin de les éviter, et donc sans regarder où je mettais les pieds, je finis par tomber de tout mon long dans les marécages qui bordaient le chemin. Et là, je constatai avec horreur que non seulement je ne pouvais me relever mais que chacun de mes mouvements m'y enfonçait davantage. Des sables mouvants !

Mes cris, mes ébats et mes pleurs ne servaient qu'à accélérer le processus, et bientôt enfoncé dans la vase jusqu'au cou, il me fut impossible de bouger. Et c'est en cette posture que, comble de la souffrance, je vis alors accourir mes soi-disant amis vers qui j'implorais de l'aide en hurlant. En guise d'aide ils se mirent à entamer joyeusement une ronde puérile en se moquant de moi et je compris que les portes du paradis, si proche, doucement se refermaient pour moi... à tout jamais.

Et puis, alors que j'étais là, bavant de désespoir et de rage, un serpent monstrueux rampa vers moi, s'enroula autour de mon cou, et se mit à persifler d'un ton on ne peut plus perfide.

— Le salaire du péché, c'est la mort ! Ô homme de peu de foi, tu viens de causer une seconde fois ta propre perte ! L'impatience est mère de tous les vices, et cette fois tes belles paroles ne te sauveront de rien !

— Mais c'est injuste ! ai-je sangloté. C'est Dieu, lui-même qui m'a demandé de le rejoindre !

— Il faut croire que ta foi n'était pas bien forte pour que le malin ait pu te tromper aussi facilement ! » siffla encore l'odieuse bête, avant que je ne disparaisse happé par des torrents de sable marécageux.

La bouche pleine d'une boue gluante et nauséabonde, c'est dans un état d'esprit où se mêlaient horreur, terreur et désespoir face à l'absurdité d'une situation où, de sauveur de l'humanité, je me retrouvai au rebut de l'inhumanité, que la chute commença.

Et quelle chute !

Entrainé à une vitesse vertigineuse à travers une multitude de gouffres abyssaux, s'ouvrant et se refermant sans cesse après mon passage, je traversai ainsi des nuages de matière puante et gluante. Et c'est tout ruisselant de cette substance immonde que je me vis projeté dans une dimension inconnue... et finalement bien pire ! Car dans ce monde-là, j'eus vite fait de me rendre compte que j'y étais… aveugle !

Au début, seule la sensation de nausée due à la perception de tourner sur moi-même de façon vertigineuse, me reliait encore au monde des vivants.

Des Vivants ! ... Quelle ironie du sort !

Comme il était loin déjà ce temps heureux où j'avais une vie dans un corps dont, il est vrai, je ne savais pas vraiment qu'en faire, mais qui au moins m'obéissait à volonté. Et dire que j'étais venu ici pour chercher la réponse à cette question !

« Quel destin à la con ! Pourquoi est ce que ... » Mais je ne pus vitupérer davantage, car de longues langues de douleur venaient de se mettre à me lécher, éclatant de leur feu mon corps en mille miettes. Ce qui mit fin à mes regrets... comme au reste... Car de mon cher Moi, il ne restait plus désormais qu'une partie de ce qui fut mon visage, tourbillonnant dans un espace incooonnnuuuuuu............

De mon oreille restante, la dernière chose que je perçus fut un long hululement terrifiant. Je me rendis compte plus tard que c'était de ce qui restait de ma propre bouche, grande ouverte et hurlante de terreur, que provenait cette plainte à réveiller un mort.

Et le pire dans cette horreur, c'est que malgré la désintégration de mon corps virtuel, je pouvais continuer à penser, et surtout à ressentir, toute l'horreur de mon terrible supplice ! « Ainsi, c'était donc ça l'enfer ! ai-je tempêté. Pas de diables fourchus, pas de monstres cornus. Rien d'autre que la morsure éternelle d'un feu infernal sur un corps éclaté, un corps qui n'existe plus mais qui continue à délivrer des informations de souffrance. Et quelle souffrance !

Combien de temps, ce supplice va-t il encore durer ? »

Une réponse terrible surgit en moi: Eternellement ! Restait à concevoir combien de temps pouvait bien durer une éternité !

La réponse était là, à l'intérieur même de la question, savoureuse de machiavélisme : " L 'Eternité ne connait pas de fin ! "

Cette prise de conscience d'une fin qui n'adviendrait jamais me terrifia plus encore. Car la fin de la vie, je la connaissais, aussi désespérément inéluctable qu'elle soit, c'était la mort. Mais la fin de la mort ! Qui plus est d'une "vie" ou plutôt d'une mort de souffrance infinie !!!

« Nooon ! Pourquoi ? j'ai beuglé dans le néant. Je devais simplement faire un trip mystique dans le monde de la mort et en revenir ! Je sais désormais que l'on ne peut voyager dans ce monde sans impunité, et je jure que si jamais je revenais à la vie, plus jamais je ne chercherais à mourir avant mon heure.

Et l'autre là-bas qui m'a embarqué dans ce cauchemar sans fin, qu'est ce qu'il fout ? Est-ce que je peux encore compter sur lui ? Cet espoir m'est-il seulement encore permis ? Re-n-être ou ne pas être, telle est toujours la question ! Ah Ah Ah Aïïee ! »

C'est dans cet état d'angoisse et de tourment que mon âme damnée errait sans cesse dans des limbes démoniaques d'où la douleur surgissait par vagues successives, sans cesse plus gigantesques.

Jusqu'au moment où il n'y eut plus de vagues. Plus de vagues, mais une énergie infernale, mille fois encore plus brûlante et dévorante, doublée d'une pression d'une puissance inqualifiable, qui fit imploser les restes de mon crâne... Et c'est de ces restes, qui n'étaient plus qu'incandescente bouillie, que je pus -contre toute logique- continuer à penser et surtout à souffrir toute cette horreur, qui jamais n'en finissait.

Je ne sais finalement ce qui était le plus terrible, la douleur, qui m'arrachait sans cesse, faute de corps, mon âme devenue filandreuse, ou ma terreur de devoir naviguer ainsi aveuglément dans les eaux du malin, sans aucune prise sur mon destin, et sans doute à jamais !

Cette éternité nouvelle était infiniment pire que l'angoisse de la mort, l'angoisse de la fin, d'une fin que j'appelais désormais de tous les restes de feu mon âme.

Et puis à un moment donné de cet horrible espace-temps de souffrance, la terrible vérité fondit sur moi.

Je compris que cette dimension infinie en laquelle je me trouvais ne pouvait pas être le centre de la terre, mais quelque part ailleurs, en un espace gigantesque, bien au-delà des frontières terrestres... Au-delà, dans l'univers... Or, dans quel lieu, de l'espace trouve-t-on des brasiers gigantesques doublés d'une pression aussi colossale ? ...

DANS LES ETOILES !

J'étais en train de me consumer dans le cœur d'une étoile en fusion !
Oui ! Cette théorie aussi invraisemblable qu'elle fût tenait pourtant la route. Ce n'était pas les âmes des poètes qui brillaient dans le ciel, mais tout au contraire les âmes des damnés, dispensant ainsi à dame nature un mystérieux combustible invisible et abondant !

Voilà, me dis-je, une divine explication de leur exceptionnelle longévité. Il devait y avoir à travers l'univers, des milliards de milliards de mondes, déversant à chaque instant des flots entiers d'âmes damnées, afin d'y être assainies par le feu purificateur du Maître de l'univers !

Oui, plus j'y pensais, dans les trop rares instants ou ma souffrance le permettait, plus je trouvais cette théorie moins irrationnelle finalement, que celle des damnés rôtissant dans des lacs de lave, sévèrement gardés par des diablotins les repoussant de la berge à coups de fourches.

Rien de commun avec tout cela, mis à part le feu d'une éternelle douleur rédemptrice ! Rien, sinon le feu sacré d'une étoile, recyclant éternellement des âmes, en fait les déchets pensants de l'univers, et les rediffusant, une fois purifiés, sous la forme d'électrons purs par l'éclat de sa lumière. Dispensant ainsi la vie, selon la grâce divine, vers de nouveaux corps sains. La bible ne parlait-elle pas d'ailleurs de ceux qui vivent dans la lumière du Seigneur ?

Car tel était, j'en étais sûr le grand secret de l'univers : La mort n'était finalement qu'un concept purement humain. En réalité, il ne pouvait y avoir de fin, étant donné que le Tout se transforme en Tout !

C'était donc cela, le Cycle Eternel de l'espace et du temps, le paradoxe ultime de l'Esprit Créateur des mondes, aux lois duquel j'avais toujours refusé d'obéir, par esprit d'indépendance. Pauvre imbécile que j'étais alors !

Et puis... une autre éternité passa, ne voyant, ni ne sentant plus rien, je savais, Dieu seul sait comment, qu'il ne restait plus rien de moi, sinon des millions de quarks tournant vertigineusement autour d'un centre invisible, en attendant le moment d'être dispersés aux quatre coins de l'univers.

Mais hélas, ce moment libérateur tant désiré n'arrivait jamais !

Jusqu'à ce qu'une autre éternité plus tard, il me vint une autre intuition tout aussi démente, mais qui répondait à ce mystère : Celle que mon âme tourmentée resterait ici emprisonnée tant que mon corps terrestre, mon enveloppe restée vide, ne serait pas restitué à la terre !

Bien sûr ! C'était logique ! J'étais bien enchaîné par la présence lointaine de mon corps physique, toujours bien vivant, lui !

Alors, je me mis à prier, à supplier le Sauveur de toute la force des restes de mon âme maudite, et d'autant plus volontiers que cette repentance me semblait atténuer ma souffrance.

Je restai ainsi longuement à invoquer son pardon, longtemps, très longtemps... bien que ce mot n'avait plus aucun sens. Parfois je doutais de nouveau, avant que de me refondre dans la grâce de la prière rédemptrice jusqu'au moment où ... j'eus, pendant quelques instants l'inénarrable fabuleuse sensation de voir de nouveau à travers ma nuit des temps... et de pouvoir apercevoir la clarté de sa lumière.

Une lumière d'une beauté et d'une bonté infinie.

L'inconcevable et merveilleuse impression de baigner dans cette lumière d'amour... et de ne plus faire qu'Un, avec Lui ...

ET AVEC TOUT

J'allais peut-être enfin trouver la paix tant attendue ! Une paix bien méritée après tout ce long voyage de pénitence, mais hélas, mille fois hélas... au lieu de continuer à m'élever vers la lumière, je me mis à tomber et tomber de manière atrocement vertigineuse , traversant des galaxies de symboles étranges qui se mouvaient et se tordaient en tout sens

† ϕ Σ Δ † ≈ ♀ ⅄ Φ ξ † Ø φ ß Δ † Þ ð 'Ω ♀ λ ⅄ ‡ Ω Φ ξ ♀ ▫ †

pour me retrouver   ...   plongé brutalement dans la prison étriquée de mon enveloppe terrestre !

J'en éprouvai alors une infinie tristesse, bien que pourtant, une éternité plus tôt, c'était mon souhait le plus cher. Je comprendrais plus tard que ma déception venait de n'être jamais entré dans la lumière d'amour et de miséricorde que j'avais entraperçue et frôlée. Lumière que je n'oublierais plus jamais de mon vivant.

La première image que je pus distinguer, une fois que le flou de ma vue retrouvée ne se soit dispersé, fut le visage du professeur, penché sur moi, tout auréolé d'étranges couleurs. Et, phénomène des plus curieux, ces couleurs floues et flottantes me révélèrent immédiatement, à la fois l'immense bonté qui émanait de lui, mais aussi,

30

l'espace d'un instant, la cruelle puérilité d'une âme humaine qui n'a pas fini de grandir. Telle celle d'un enfant encore inconscient de la notion du bien et du mal qu'il peut faire.

— Jack ! Jack ! Comment te sens-tu ? s'enquit-il avec un regard embué d'inquiétude. Tiens, bois un peu. Non, n'essaie pas de parler avant de retrouver tes forces… Oh mon fils, si tu savais comme je suis heureux que tu sois revenu dans le monde des vivants !

Mais malheureusement Jack, j'ai bien peur que l'expérience n'ait échoué !

Non, calme toi, je vais tout te raconter…

Au début, tout semblait pourtant se dérouler correctement, et puis quelques instants après avoir dépassé le seuil du sommeil, tu as eu une violente réaction. Tu t'es à demi levé, les yeux exorbités et grands ouverts, puis tu es tombé dans un profond coma catatonique. Et j'ai eu bien peur de ne pas pouvoir te récupérer !

D'autant plus que le servomoteur du casque concentrateur est entré en surchauffe et s'est soudain mis à projeter partout des arcs électriques qui, j'en ai bien peur, t'ont quelque peu brûlé, avant de rendre l'âm… heu… excuse moi je veux dire …de cesser de fonctionner .

Du coup le contact avec toi était rompu… définitivement à ce qu'il m'a semblé … et c'est bien par le plus grand des miracles, et certainement aussi par le pouvoir de l'esprit que tu es de nouveau parmi nous. Car bien sûr depuis lors j'ai médité profondément afin de tenter de renouer un contact. Hélas sans résultat apparent … jusqu'à ce matin, où j'ai ressenti comme … une émanation formidable d'énergie positive, alors qu'auparavant, c'était plutôt … comment dirais-je ?

— L'enfer, professeur ! Vous m'avez précipité tout droit directement en enfer ! Mais je ne vous en veux pas, je m'y suis jeté de mon plein gré. Aussi, je vous pardonne bien volontiers. Par contre si vous parvenez à réparer votre machine infernale, j'ai bien peur qu'il vous faille désormais trouver d'autres cobayes à électrocuter, car moi j'ai déjà donné !

Et si vous voulez un bon conseil, cessez de vouloir outrepasser les pouvoirs du divin ! Car nous ne sommes pas Dieu, et il ne nous appartient pas, à nous les hommes, de construire sans cesse un monde de machines. La science se leurre complètement dans sa vocation de vouloir remplacer et surpasser le divin. Alors que nous ne parvenons, tout au contraire, qu'à nous éloigner chaque jour davantage du monde idyllique qu'il avait conçu pour nous ! Idyllique n'est peut pas le terme adéquat car il est vrai que dans la nature, le fort dévore le faible.

Cependant nos civilisations ne sont elles pas parvenues à dépasser ce stade dans leur aspiration à protéger le faible et l'opprimé. Et si ce n'est plus le cas aujourd'hui, n'est-ce pas parce que le monde a perdu la foi pour ne plus croire qu'au pouvoir illusoire qu'apporte l'argent. Jésus n'avait-il pas pourtant montré la voie en chassant les marchands du temple ?

Pour sauver ce monde il est donc indispensable de retrouver foi en son prochain comme en Dieu. D'ailleurs ne sont-ils pas une seule et même chose, puisque nous sommes tous une parcelle du divin !

— Tes paroles, mon fils me prouvent que tu es allé bien loin, sans doute encore bien plus loin que moi ! Aussi dis-moi, est-ce que tu as aperçu... la source de lumière... je veux dire est ce que tu as approché...

— Dieu ? Et bien... c'est déjà flou et je ne puis me souvenir de tout, en détail ... sauf d'une chose essentielle, cependant ! C'est que si je suis effectivement de nouveau ici, c'est bien par un miracle divin, et que ce n'est pas pour rien qu'on l'appelle "le Sauveur". Cependant je ne souhaiterais pas à mon pire ennemi de vivre ce qui vient de m'arriver !

Croyez-moi, professeur, au nom de notre amitié, laissez tomber cette absurde nouvelle quête du Graal ! Les desseins de Dieu lui appartiennent !

A l'homme, il est permis de recevoir sans cesse des messages du divin. Le problème est qu'il s'autorise à croire ensuite qu'il peut parler au nom de Dieu ou d'Allah ou peu importe son nom. Mais méfiez-vous des faux prophètes !

Car l'homme est un enfant immature qui agit toujours sous le joug de sa soif de pouvoir... ou de célébrité, et n'a le plus souvent hélas, pas d'autre fin que l'aboutissement de ses visées personnelles égoïstes.

Même si sa pensée est pure, le troupeau de ses ouailles finira tôt ou tard par dénaturer le message originel ... et s'ensuivent bien entendu désordre et chaos car chaque nouveau messie cherche à imposer sa propre voie et tout cela, bien sûr...

AU NOM DU PERE !

Alors à chacun sa destinée, mais pour moi, la leçon trop chèrement
acquise est très claire : Il faut laisser du temps au temps... et s'armer
de patience et de sagesse afin qu'il accomplisse "SON" œuvre ! »

Ici le pieux et preux lecteur doit faire un choix :

Pour emprunter cette fois le chemin épineux >> **Pages suivantes**

ou

Pour se laisser tenter par d'autres choix moins catholiques :

La foi Musulmane ou le choc des cultures.

>> **Page 47**

La philosophie Bouddhiste Une philosophie plus qu'une religion parmi les plus anciennes du monde, et du coup...

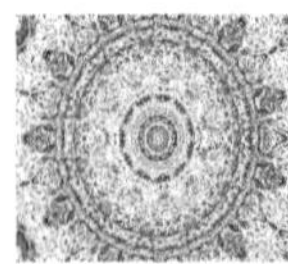

>> **Page 75**

Tu ne fais pas trop confiance aux religions et ton éthique personnelle fait de toi plutôt un **athée ou un agnostique** ? A toi de trouver ta voie.

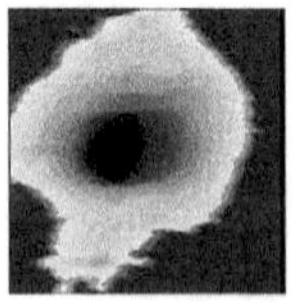

>> **Page 99**

Sur le sentier épineux

L'un des deux chemins semblait aboutir directement à la porte paradisiaque par d'élégantes boucles aux pourtours fleuris, tandis que l'autre y montait par des chemins boueux et abrupts nécessitant d'y effectuer de multiples détours, car enchevêtré de multiples buissons d'épines...

Voyons-voir, me dis-je dans un éclair de lucidité, les voies du Seigneur sont impénétrables c'est bien connu, mais aussi fort souvent parsemées d'embûches afin d'éprouver notre foi. Je préfère donc choisir la voie la plus difficile, et puis ... advienne que pourra !

Bien m'en pris, car plus j'avançai, plus le chemin devint praticable, et je n'eus finalement aucun mal à franchir d'impressionnants buissons ressemblant à des ronces et aux feuilles aussi irritantes que des orties. Car, à chaque pas, mon... comment-dire, mon pseudo-corps c'est à dire mon enveloppe virtuelle quoi, s'allongeait.

Et c'est ainsi, en quelques bonds stupéfiants, comme si j'étais chaussé de bottes de sept lieues, que je franchis allégrement la distance qui me séparait de la vallée du paradis où je le savais mes amis du rêve m'attendaient. Mais, alors que j'étais sur le point d'y accéder, m'apparut entre deux hauts murs de buissons d'épines, une gigantesque porte aux deux battants grands ouverts. A son sommet se dressait un panneau où il était inscrit en lettres numériques rose fluorescentes :

Saint Peter's Electronic Gate

Bienvenue à Paradise Land

Pour des raisons de convenance personnelle le bureau d'accès au paradis est provisoirement remplacé par un champ magnétique laser-désintégrant.

Si vous estimez que votre âme est pure, avancez doucement en récitant un **Pater Ave.**

Attention ! Aucune réclamation ne sera admise.

Nous vous prions par avance de bien vouloir excuser les quelques désagréments occasionnés à notre clientèle, en cas de dysfonctionnement exceptionnel du désintégrateur.

« Ça alors, c'est le bouquet ! » j'ai maugréé, quelque peu refroidi. Point de Saint Pierre, mais une machine électronique ! Même ici, il y a compression de personnel ! Enfin allons-y ! Je n'ai pas tellement d'autres choix de toute façon ! A dieu va…

Et je me suis alors avancé, les jambes flageolantes, psalmodiant des bribes de souvenirs de catéchisme qu'à une lointaine époque quelques curés bien intentionnés avaient tenté de m'inculquer sans grand succès… « Notre Père qui êtes aux cieux, que votre nom soit sanctifié, que votre règne… heuuu… s'empare du pouvoir sur la terre comme au ciel …… » tout en gardant les yeux fermés.

Miraculeusement j'en réchappai ! Et lorsque j'osai rouvrir les yeux, ce fût pour découvrir un merveilleux jardin s'étendant à perte de vue, empli de fleurs multicolores extraordinaires, d'arbres couverts d'énormes fruits appétissants et de mille sources répandant partout un délicieux gazouillis apaisant.

En parlant de gazouillis, je m'aperçus néanmoins que quelque chose manquait… les oiseaux !

Effectivement il n'y en avait aucun, pas plus apparemment que d'autres animaux d'ailleurs !

« C'est normal, quelque part, me dis-je, puisque le paradis est réservé aux humains. Mais c'est quand même dommage, j'aurais tant aimé revoir mon petit chien qu'enfant, j'aimais tant, mais bon, je ne suis pas là pour me mettre à chialer, cherchons plutôt mes amis et profitons-en pour visiter les lieux, c'est pas tous les jours qu'on va au paradis... »

Et effectivement, très vite consolé par tant de beauté, je me mis à gambader de sublimes collines en merveilleuses vallées, parfois couvertes de prairies verdoyantes, parfois parées d'une autre forme de végétation aux couleurs très fantaisistes. Je pressentis que la main de Dieu, ici, avait tout fait pour contenter le sens de la vue, ainsi d'ailleurs que tous les autres sens de ses hôtes.

Comme le sens de l'ouïe, par exemple ! Car tout ici baignait dans le joyeux scintillement d'une eau qui coulait, en distillant un son de la pureté d'un cristal qui songe. Etrange expression, mais je n'en trouve pas de plus appropriée.

Quant au sens du toucher, vu la sensibilité accrue que je ressentais dès que j'effleurais la moindre fleur, je pressentis que j'allais être initié à de nouveaux plaisirs dès lors que l'occasion se présenterait à en découvrir les charmes secrets.

La température aussi était idéale, chaude et un tant soit peu humide, mais en un savant dosage. Ce qui me fit rapidement prendre conscience que le port de mes vêtements ici, collants et irritants, se révélait parfaitement incongru.

D'ailleurs à peine eus-je émis cette pensée, qu'instantanément ils disparurent, comme par enchantement.

« Ah ouais ? » fis-je vérifiant rapidement si mon sexe n'avait pas suivi le même chemin, comme dans mon rêve, mais cette fois-ci ce n'était pas le cas.

« Plus de vêtements ? C'est finalement bien mieux ainsi ! émis-je joyeusement. Je comprends maintenant pourquoi Dieu nous a créés, sans vêtements, ni fourrure. Dans le paradis des origines, c'est parfaitement inutile ! Logique ! Mais, hé, une minute ! Mes vêtements ont disparu dès que j'ai estimé qu'ils étaient inutiles. Voyons-voir si je peux les faire revenir ! » Et effectivement, l'instant d'après, ils me couvraient de nouveau.

« Ça alors, c'est génial ! Et est-ce que je peux aussi en changer ? Oh ouiii, c'est géant ! » m'entendis-je béatement m'exclamer, tandis que je passais d'un costume à la Louis XIV à une combinaison de cosmonaute.

Je me suis amusé ainsi, comme un fou au rythme de mon imagination pendant un bon moment, puis je décidai de m'attaquer à remodeler le paysage, mais cette fois sans succès.

« Ah bon, ça c'est dommage ! Mais si telle est la volonté du Seigneur ! » que je louai décidément de plus en plus, moi qui peu de temps auparavant encore n'était qu'un bien piètre croyant. Mais comment persister à ne pas croire lorsqu'on a toutes les preuves devant ses yeux ?

« Mais, où est donc passée la population ? me suis-je finalement demandé. Où se cachent ma famille et tous mes ascendants ? Et mes amis du rêve... Pourquoi ne m'ont-ils pas attendu ?

— C'est pour ne pas gâcher ta joie de tout découvrir par toi-même Jack ! dit une voix familière, juste derrière moi. »

Me retournant, je m'aperçus que le paysage avait mystérieusement changé. Ou que mon souhait m'avait transporté quelque part ailleurs, instantanément et sans même m'en rendre compte. Car j'étais à présent sur la berge du merveilleux lac de brume rosée que j'avais déjà vu en vision. Et, face à moi, se tenait la créature de mes rêves mille fois plus ravissante encore.

— Sois le bienvenu parmi nous Jack, me souhaita-t-elle, appuyant ses dires d'une courbette, que ses amis autour d'elle imitèrent.

— Merci mille fois, fis-je lui rendant son salut d'une gracieuse révérence -leur envie de jouer était si communicative-. Mais si vous connaissez mon nom, je n'ai pas l'honneur de connaître le vôtre poursuivis-je, enrichissant ma révérence d'un grossier mouvement de ballet.

— Je m'appelle, et nous nous appelons ... tous les noms que tu voudras ! jeta-t-elle dans un souffle, tout en exécutant pour me parodier un gracieux pas de danse, soudainement parée d'un tutu rose et chaussée de ballerines mettant en valeur ses fines chevilles. Car iiiiciiii, chantonna-t-elle, il n'y a pas d'individus. Donc pas d'in-di-vi-du-alités, sautilla-t-elle. Et donc...pas de conflits ! »

Puis soudain revêtue d'une magnifique parure de plumes argentées, elle se mit à susurrer tout près de mon oreille : « Ici, c'est le royaume du plaisir ! Oublie toutes tes angoisses et tous tes préjugés. Chacun ici est réellement l'égal de l'autre, en esprit...comme en chaaaarme ! »

— Heeu certes ! Je suis réellement totalement charmé, mais heuu ... je m'attendais aussi à rencontrer... le Seigneur de ces lieux, fis-je, histoire de changer de sujet, troublé par manque d'expérience d'un aussi troublant et prompt contact.

— Sois-en sûr, tu le rencontreras ! Mais le Seigneur a beaucoup d'occupations, car il règne sur des milliards de milliards de mondes. Aussi son esprit est-il ici, ailleurs et partout à la fois.

— Sans doute, mais, est-il possible de pouvoir s'entretenir avec lui, heuuu...personnellement ?

— Personnellement ? Ha Ha Hi Hi Hou Hou Hou ! Tous se mirent à rire. Pardonne-nous mais ta candeur nous amuse. Tu n'as apparemment encore rien compris au film ! Le Seigneur Dieu est pur esprit ! Il n'a donc pas de corps physique. Tout ce qui t'entoure ici, c'est lui, c'est son émanation. Alors si tu veux lui parler, parle et il te répondra. Pas avec des mots bien entendu, mais tu trouveras la réponse dans les signes.

— Ah bon ! fis-je quelque peu déçu, mais ces signes, saurais-je les interpréter ?

— N'aie crainte, nous t'apprendrons. Ici, ne sommes-nous pas tous ses émissaires ? Ses anges, comme vous vous plaisez à nous appeler. Et puis, songe que tu as toute l'éternité devant toi, pour apprendre... » L'éternité ! A cette pensée des bouffées de bonheur et de reconnaissance m'envahirent harmonieusement.

— C'est ... fabuleux, et qu'est ce que vous en faites ? De cette éternité, je veux dire.

— Oh, une éternité de choses ! ricana-t-elle. Puisque ici tout nous est possible ! Nous pouvons, par exemple, aller voir les vivants et nous distraire de leurs vaines actions, et même du contenu de leurs pensées... Ou rendre visite à nos chers amis et parents disparus... Ou encore parcourir ce paradis, qui est aussi grand que l'univers en son entier.

— Aussi grand que tout l'univers ? Mais, il faudrait aller plus vite encore que la lumière pour le parcourir ! Comment...

— Oh ici, pas de problème de ce genre. Regarde ! »
Effectivement, un instant plus tard, elle n'était plus qu'un petit point presque invisible me faisant signe à l'horizon, et l'instant suivant, elle se trouvait de nouveau là, face à moi.

— Tu vois, c'est très simple, car en fait c'est ici que le temps devient espace !

— Le temps et l'espace ne font plus qu'un ! Génial ! Ça, ça me plait, comme conception ! Mais heu... une dernière question. Je vois que vous prenez plaisir à danser et vous amuser, mais y a-t-il, heuuu... encore d'autres formes de plaisirs ? m'enquis-je en rougissant.

— Une infinité ! Bien plus que pour les vivants, limités aux simples plaisirs de leurs sens par leur propre corps. Tu les découvriras. Néanmoins, concernant ces anciennes sensations, le Seigneur a bien voulu, dans sa grandeur, qu'afin de mieux nous distraire nous en gardions le souvenir. Il nous suffit donc d'évoquer, par exemple, le souvenir du goût, afin de goûter un fruit. Le souvenir de l'odorat pour sentir une fleur, et ainsi de suite...

— Oui mais … et au niveau des plaisirs de heumm...la chair ? me suis-je enhardi en rougissant de plus belle.

— Oh ! Ce plaisir bien futile, destiné initialement à la reproduction, n'a pas cours ici. Mais nous ne sommes pas pour autant des vestales et si le sens du toucher te titille, nous avons bien mieux ici, viens voir! Elle me prit alors par la main, m'entraîna au beau milieu du lac rosé dont la vapeur était comme une caresse sur mes pieds, et se jeta dedans, accompagné de ses toujours aussi exubérants comparses.

Je les imitai donc avec un peu plus de retenue, et, à ma grande surprise, je me sentis... aux anges ! Imaginez-vous, baigné dans un élément mi-vapeur, mi-liquide, d'une douceur infinie ! Cet élément, doux et chaud comme un rayon de soleil en hiver, me léchait ou me caressait la peau,- je ne trouve pas en fait de terme approprié- avec une telle volupté, que mon pseudo-épiderme se hérissa de plaisir.

« Quel pied ! j'ai gémi, je comprends maintenant pourquoi ils sont tout le temps fourrés là-dedans !

— Bien mieux que le sexe, non ? m'a-t-elle lancé, en m'arrosant de jets de ce merveilleux gaz rosé qui me chatouilla délicieusement, avant que de se décomposer en milles étincelles féeriques.

— Ça n'a rien à voir ! C'est... c'est encore plus dément. Par Belzebuth ! lançai-je dans un trait d'humour. »

A peine eus-je prononcé ces mots que le lac disparut tout en émettant une sorte de plainte, et je me suis alors retrouvé brutalement sur le ventre à même le sol. L'espace d'un instant le gazouillis des sources s'interrompit tandis qu'un souffle fétide me sembla m'envelopper.

— Ne prononce surtout pas ce mot-là ici, malheureux ! s'écria ma comparse, le visage crispé. Ce monde n'est harmonie que parce que chacun ici le souhaite. Et selon la volonté de l'Esprit divin, si tu brises l'harmonie, tu risques d'être chassé du paradis, et mis en attente jusqu'à la résurrection éternelle.

— Vraiment je m'excuse ! fis-je tout penaud. Je ne le ferai jamais plus Mais dis-moi, tu as parlé de résurrection . N'est-ce pas ce qui nous attend tous ? C'est pourtant ça le principe même du Christianisme, la mort, le jugement dernier, puis la résurrection…

— Oui, oui ! C'est l'exacte vérité promise aux vivants, afin qu'ils bâtissent leur vie dans l'optique de mériter le paradis. Seulement une bonne part des vivants parvenus au paradis ne regrettent qu'une chose, revivre une vie éternelle, mais dans le milieu même où ils ont vécu ! C'est-à-dire, avec un corps réel et sur la Terre elle-même. Certains même, refusent obstinément de la quitter, continuant à errer sous une forme désincarnée, comme des âmes en peine... qu'ils sont! C'est pourquoi Dieu dans son immense sagesse, leur a-t-il promis, après la fin des temps, une vie éternelle sur terre... le paradis sur terre, quoi !

— Et où sont donc tous ces sots qui ne veulent pas de ce paradis-ci ? Parce que sur terre …

— Dans leurs cercueils respectifs bien sûr. A la fin des temps, le temps s'inversera et ils renaîtront... tout simplement.

— Oui, tout simplement... C'est vrai qu'ici, le temps est purement relatif, alors pourquoi pas en effet ! ai-je soliloqué en examinant la brume rose qui, grâce au ciel était lentement réapparue de nulle part. Pardon, pour mon écart de langage, je promets de ne plus recommencer. Et puis je n'ai surtout pas envie de faire la sottise de ne plus te revoir, moi ! » lui ai-je murmuré à l'oreille, tout en lui glissant un petit bisou dans le cou, qu'elle me rendit spontanément.

Notre idylle affective - et non pas amoureuse, car dénuée de sexe dont il est vrai je ne vis plus l'utilité après quelques tentatives auxquelles elle se plia de bonne grâce pour me faire plaisir - dura longtemps, infiniment longtemps même, me sembla-t-il. Suffisamment en tout cas, pour que mon angélique compagne me permette de découvrir, main dans la main, une petite partie de ce merveilleux monde sans fin car érigé sur une dimension échappant à l'espace et au temps. Je revis nombre de mes amis qui avaient choisi de rester en paradis. Revis les membres de ma famille disparue, et même fit connaissance avec mes lointains ancêtres communs avec qui d'ailleurs je ne me trouvais rien de commun. Concernant tous ceux que j'avais connus et aimés, nos relations avaient changé. Nous n'étions plus, en fait, tout à fait sur la même longueur d'onde, ou plutôt bien trop ! Je veux dire par là que les liens du sang, tout comme les liens des anciennes amitiés, étaient devenus parfaitement inutiles, puisque ici tout le monde était l'ami ou le parent de tous les autres.

De plus, chacun ici baignait dans une sorte d'Unité Universelle, avec Dieu, et avec chacun, sans avoir à faire d'effort particulier pour respecter ce désir commun d'égalité. Sans avoir à l'imposer puisque tout nous était donné à tous, et que nous partagions ensemble ce même désir d'union. L'Unité suprême ! Dans un même mouvement, sans jamais aucune dispute, sans le moindre désaccord. L'utopie du bonheur universel réalisée. J'en étais transporté d'extase.

Du moins, au début ! Car plus tard, je compris pourquoi nombre de gens devenaient en fin de compte nostalgiques de la terre et de sa diversité pour échapper à l'uniformité ambiante, en redevenant esclaves de leur corps, de ses aléas mais aussi de ses plaisirs. Comme retrouver le monde animal, connaître à nouveau la faim mais aussi la satiété, le froid puis le chaud, redécouvrir la palette de variations d'humeur, créer, apprendre, évoluer. Car l'omniscience c'est finalement très banal. Quand il n'y a plus rien à apprendre, plus rien de nouveau à créer, il n'y a plus d'évolution. Et finalement tous devaient certainement, à un moment ou un autre finir par devenir candidats à la résurrection finale, n'en déplaise à ma compagne... mais n'anticipons pas !

Pourtant rien ne manquait.

Je goûtai mille mets inconnus, me baignai dans mille lacs différents, qui chacun me prodiguaient encore d'autres nouvelles et sensationnelles sensations, aptes à convertir au Christianisme n'importe quel accroc à la sexualité devenu conscient de la futilité de ses actes en ce monde d'infinis plaisirs.

Puis je parvins enfin à entrer en communion avec l'Etre suprême, qui en réalité n'avait rien d'un être mais plutôt d'une pensée immatérielle communiquant la conscience par le Verbe, vibration spatiale et intemporelle, dont le fils, Jésus et tous les hommes, sont les réceptacles. Je délaissai alors les plaisirs des sens, pour les plaisirs de l'Esprit, apprenant mille et mille choses sur les plus grands secrets de l'univers visible et invisible.

J'appris par exemple quel lien, impossible à mettre en équation car inconcevable pour une conscience humaine, reliait l'infiniment grand à l'infiniment petit, et inversement… Paradoxe des paradoxes permettant à un royaume d'une étendue infinie, comme le paradis, de pouvoir tenir dans le creux d'une main… Celle de Dieu bien entendu ! J'en fus longuement émerveillé, découvrant à quel point nous, les hommes, qui nous prenions pour le centre de l'univers, en étions en réalité infiniment éloignés à tous points de vue, mais Dieu dans son infinie bonté avait pardonné à ses créatures leurs péchés d'orgueil puéril.

Je me penchai alors sur le destin des hommes, certains avaient conscience de notre présence et nous dénommaient entre autres esprits, anges gardiens ou même démons. Je pouvais à présent lire dans leurs cœurs et leurs âmes, ou voir leurs actions passées présentes et à venir, individuellement, comme dans leur globalité.

Je pouvais ainsi entendre grâce au cristal réflecteur de leurs pensées, battre le pouls de chaque époque, tantôt prospère, empathique et évoluant vers un monde de paix, tantôt faisant machine arrière et recréant un monde misérablement guerrier, cruel et sans pitié, civilisations tombant sans cesse de Charybde en Scylla, sans jamais tenir compte des leçons de l'histoire.

Je pus aussi me rendre compte avec effroi, combien de temps encore s'écoulerait avant que l'homme ne s'éloigne définitivement de sa bestialité, pour enfin accéder au rang de Seigneur des mondes, paisibles ambassadeurs s'efforçant de répandre la gloire de Dieu, non plus comme jadis avec des fusils mais avec pour seule arme… L'amour. La seule arme capable d'ébranler les fondations du Malin, si propice à s'installer dans les esprits et les cœurs des hommes.

Et puis, toujours plus avide de les comprendre, j'en vins à me pencher sur l'Odyssée de la complexité humaine avec son psychisme si fragile, son comportement aléatoire dicté par ses émotions, ses peurs, ses désirs et ses rêves. Mais curieusement, plus j'explorais les rêves de mes contemporains, plus je ressentais un étrange malaise. Comme une absurde et paradoxale impression de manque.

Jusqu'au moment où je finis par me rappeler !...

A me rappeler mon corps, là-bas, mon infime enveloppe terrestre, qui je ne sais pourquoi me réclamait !

« L'Esprit est lié à la matière, c'est vrai, finis-je par comprendre. L'esprit crée la matière et la matière crée l'esprit. Car tout est Un, par la grâce du Souffle Divin. Comment ai-je pu oublier cela ? Voilà sans doute d'où me vient cette sensation de vide et de manque... J'ai ici tout ce que je peux désirer, excepté la vie, et ce petit manque encore me manque !

C'est délirant... mais c'est la réalité ! Mon corps me fait défaut !

Mes frères humains, eux-aussi me manquent, malgré leur inconstance, leur égocentrisme insolent, qui cause sans cesse la ruine de toutes leurs ébauches de civilisation !

Mais peut-être est-ce cela qui fait justement leur charme ?

Le charme de la vie, n'est ce pas justement ce combat émotionnel contre soi-même et les autres ? Le charme de la jouissance des victoires obtenues par contraste avec l'amertume des défaites. La jubilation après l'acte de création ? le bonheur d'évoluer ?

En fait, toutes les gammes de sensibilité dues à son extrême fragilité émotionnelle. Car finalement, qu'ai-je à faire d'un monde où tout est facile au point que le désir même n'existe plus ?

... = ... le vide se nourrit du vide !

Oh comme j'aimerais retourner chez moi… en moi !

Sans soute n'eussé-je jamais dû exprimer cet ultime désir, car comme tout désir exprimé ici, celui-ci se réalisa aussitôt.

Et c'est ainsi, sans la moindre transition, comme au sortir d'un long « rêve ? » que je me suis réveillé en ce XXIème siècle de misère, avec une sensation de sérénité certaine, mais néanmoins ternie par une subtile et sombre impression de déjà-vu !

Celle d'avoir de nouveau perdu le paradis terrestre, ou plutôt, le paradis céleste !

Le visage du professeur était penché sur moi.

— Jack, Jack ! Enfin, tu as réincarné ton corps. Cela fait exactement sept heures que tu nous as quittés. Est-ce que tout s'est bien passé ?

— Sept heures, seulement ? Qu'est ce que ça peut être court finalement, l'éternité ! j'ai répondu, tout en redécouvrant la joie d'étirer réellement les muscles de mon corps étriqué.

"Oh oui, tout s'est merveilleusement bien passé ! J'ai fait un rêve … extraordinaire, dont je ne me rappelle finalement qu'une chose essentielle: C'est que la vraie Vie est ici ! … Et rien ne vaut la vie ! ai-je ajouté en souriant.

Il me rendit mon sourire, et je sus à ce moment précis que ma vie, cette pauvre vie, allait radicalement changer.

J'eus la conviction profonde, en cet instant magique, qu'ensemble nous allions répandre sur ce bon vieux monde les bases d'une société nouvelle, basée sur la philosophie du savoir, de l'altruisme et de l'amour … qu'une nouvelle ère de sagesse prenait naissance en ce merveilleux et fragile instant

. . . selon Sa Volonté !

Ici frère chrétien, si ce n'est déjà fait, tu peux encore faire le choix d'aller sur l'autre sentier, celui pavé de fleurs << **Page 29**
ou te laisser aller au péché de tentation en t'initiant à d'autres religions comme :

La foi Musulmane ou le choc des cultures.

>> **Pages suivantes**

La philosophie Bouddhiste Une philosophie plus qu'une religion parmi les plus anciennes du monde, et du coup...

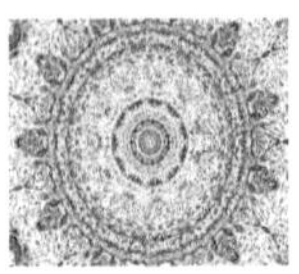

>> **Page 75**

Tu ne fais pas trop confiance aux religions et ton éthique personnelle fait de toi plutôt un **athée ou** un **agnostique** ? A toi de trouver ta voie.

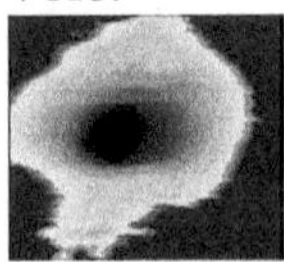

>> **Page 99**

Chez les musulmans

« Au fait ! Est-ce que tu as des convictions religieuses ? Car cela a de fortes chances d'influencer le cours de ton voyage »

" Musulmane !" j'ai dit en plaisantant, Dieu seul sait pourquoi !

Quelque chose me dit que j'allais le regretter, car rien alors ne se passa comme prévu !

En effet, aussitôt que j'eus proféré ce dernier mot, je me sentis comme aspiré, bien que le terme exact serait plutôt, arraché, dans les airs.

Je n'eus que le temps d'apercevoir mon corps agité de spasmes convulsifs sous le casque métamorphosé en une hideuse araignée qui me dévorait le crâne…

Et puis, au lieu de m'élever dans un tunnel sans fin, vers une source de lumière comme je l'avais lu selon les témoignages de gens ayant connu une expérience de mort imminente, mon ascension prit fin, brutalement, et je me retrouvai dès lors plongé dans d'insondables ténèbres… complètement angoissé, inutile de vous le dire.

L'angoisse monta encore en moi de plusieurs degrés, lorsque j'eus la certitude que je n'y étais pas seul.

Effectivement, par instants, je pouvais percevoir comme des bruissements, des froissements d'air autour de moi -ou était-ce l'objet de mon imagination ? Quoi qu'il en soit, ma peur commençait à se muer en terreur dans un monde occulte, sans la moindre possibilité d'action.

Mon esprit affolé cherchait désespérément une alternative à cette situation totalement inconnue.

Allais-je rester dans ce noir sidéral indéfiniment ? Cette chose que j'entendais allait- elle tôt ou tard m'attaquer ? Je ne pouvais rien faire d'autre que de regretter amèrement cette aventure à peine commencée lorsque soudain un faisceau de rayons lumineux tomba du ciel.

Je découvris alors que je me trouvais, flottant au milieu de sept portes, dans une sorte d'immense puits sans fin.

En face de moi se tenait un ange gigantesque, ceint de deux immenses ailes semblable à celles des oiseaux de proie, vêtu d'une longue toge, couleur de feu et brandissant un glaive. Son apparence et son air courroucé ne mirent nullement fin à ma panique, bien au contraire.

D'autant plus que c'est sur un ton à vous glacer le sang qu'il s'adressa à moi :

— Au nom d'Allah le miséricordieux ! De quel droit oses-tu te moquer ainsi de l'Islam pour ainsi te prétendre Musulman ?

— Mais... Je... C'était... Pardonnez-moi Monsieur l'ange mais je … bafouillai-je !

— Tais-toi ! mugit-il. Je ne suis nullement un ange mais l'archange Gabriel. Celui qui dicta le Coran, le livre de la révélation à Mahomet.

— Pardon. Je ne voulais pas vous offenser. Si j'ai dis que j'étais Musulman … c'était juste pour plaisanter parce que …

— Pour plaisanter ? Sache qu'on ne se moque pas de la religion de vérité. Pour la peine écoute ton chââââtiment !

Allah, le miséricordieux, te condamne aux tourments de l'enfer. Là où se trouvent tous les musulmans qui n'ont pas respecté les commandements du Coran. Là où croupissent également tous les incroyants, les mécréants comme toi. Et tu y resteras pour l'éternité ! »

Puis, sans que je puisse dire quoi que ce soit, il me saisit et me projeta à travers la porte sur laquelle était inscrit : "Hérétiques" et je tom-

bai alors dans des ténèbres abyssales à une vitesse tellement effroyable que mon corps s'enflamma.

Je me mis à brûler ainsi, tel un météore, durant ce qui me parut être
une éternité, endurant mille morts. Car si ma peau, virtuelle mais pas
pour autant indolore, se consumait et tombait en lambeaux, j'eus tout
le loisir de constater qu'en fait elle repoussait pour mieux encore se
consumer.

C'est ainsi que je pus vérifier la véracité du Coran, ouvrage que j'avais
un jour parcouru -sans doute en quête de spiritualité nouvelle- un
jour béni où je ne connaissais pas encore le bonheur d'être vivant.

Mais, malheureusement pour moi aujourd'hui, je n'avais pas été sé-
duit par cette religion. Trouvant à l'époque que les versets sacrés du
Coran reflétaient un manque de compassion et une intolérance certaine doublés d'une cruauté injustifiée pour ceux qui n'en avaient que
faire. Or le libre-arbitre de choisir de croire ou ne pas croire, n'est-ce
pas un des rares privilèges de choix de mode de vie laissé aux
hommes. Celui de choisir par eux-mêmes leur propre voie ?

Tout cela pour dire que dans mon supplice incessant, qui m'arrachait
à présent bien des larmes et des cris, je me remémorai sans cesse ce
verset, digne de Stephen King : " Ceux qui auront repoussé nos
signes, nous les précipiterons en enfer. Dès que leurs peaux se déta-
cheront en lambeaux, nous leur en substituerons d'autres pour qu'ils
consomment toute l'horreur de leur supplice, car Allah est puissant et
sage[1] ! "

— Mais c'est injuste, ai-je alors hurlé au néant, je n'ai rien repoussé
du tout ! Je n'ai jamais fait que chercher ma voie ! Et si Allah est si
puissant et sage, pourquoi alors s'acharne-t-il sur moi ? Moi, qui ne
suis ici que par convocation divine. Je n'avais rien demandé ! Alors
pourquoi me condamner à ce tourment atroce ? ... Et puis, comment
aurais-je pu savoir que, dans la multitude de religions qui sévissent

---

[1] Verset original (56 de la sourate IV) : Lorsque leur peau consumée se détachera en lambeaux, une autre intacte viendra prendre sa place pour qu'ils subissent enfin leurs tourments.
Certes, Dieu exerce la toute-puissance, il est la sagesse même.

[2] Liberté de l'auteur afin de poursuivre le récit car dans la réalité : Si tu les voyais, quand ils
seront placés devant le Feu. Ils diront alors: "Hélas! Si nous pouvions être renvoyés sur la
terre, nous ne traiterions plus de mensonges les versets de notre Seigneur et nous serions du
nombre des croyants. Mais personne n'aura cette seconde chance.." (Coran, 6:27)

sur terre, celle-ci était la bonne ? ... D'ailleurs, n'ai-je pas finalement, inconsciemment abjuré ma foi de baptême, en me déclarant musulman, à l'instant de ma mort ?

— Trop tard, beaucoup trop tard ! Il fallait te convertir de ton vivant ! ricanèrent en réponse des voix démoniaques venues de nulle part de ces ténèbres où je flambai douloureusement. « Cependant Allah dans sa miséricorde, a daigné t'accorder une seconde chance[2]. »

Sur ces mots, je cessai instantanément de me consumer et je retrouvai ma peau dans l'état ou elle était jadis, sauf que j'étais à présent entièrement vêtu d'une sorte de cotte de mailles, un glaive collé à la main .

« Pour prouver la foi que tu prétends désormais avoir en la religion de vérité, tu vas appliquer les principes du Jihad, en luttant contre un infidèle Chrétien, selon les enseignements du Livre sacré. »

En un éclair, je me remémorai alors avec effroi ces versets du Coran : "Tuez-les où que vous les trouviez... passez les au fil de l'épée et jonchez le sol de leurs cadavres... c'est le sort qui est réservé aux infidèles... jusqu'à ce que la religion d'Allah soit bien assise[1]... "

« Ainsi, reprit en vociférant une autre créature, si tu combats et abats l'ennemi d'Allah, tu prouveras ta foi et iras rejoindre le paradis réservé à tous les musulmans. Mais si tu as menti » rugirent deux yeux de braise en m'aspergeant d'une haleine fétide, « ou si tu t'avises de refuser de te battre, crois-moi, tu regretteras le jour où tu es mort ! Et pour l'éternité... Hinh hinh hinh hinh hinh hiiiiiiikkkkrrrohhh!! »

L'abominable rire sardonique s'effilocha en un cri féroce d'animal sauvage, révélateur sur le sort qui m'attendait, si moi, pacifiste de toujours je refusais de me battre !

---

[1] Deux des versets originaux (il y en a plusieurs sur ce sujet) : Dieu n'aime pas les transgresseurs. Tuez-les partout où vous les rencontrerez. (sourate II verset 190-191) Après que les mois sacrés se seront écoulés, tuez les polythéistes, partout où vous les trouverez; capturez-les, assiégez-les, dressez-leur des embuscades.» IX, 5.

Note de l'auteur: Il faut garder à l'esprit que l'on était dans un contexte où musulmans étaient persécutés par les païens. Le Coran rappelle également que le comportement envers les non-musulmans neutres doit être respectueux et bienséant. L'injonction de tuer les infidèles est uniquement liée à ceux qui offensent ou attaquent les musulmans ou ceux contre qui la guerre est clairement déclarée et ouverte. En cas de paix ou de reddition l'islam interdit toute agression en dehors des personnes qui reprennent les armes. Il n'est pas permis de combattre les femmes, les enfants, les vieillards ou toute autre personne non hostile.

Ici, le valeureux lecteur doit faire un choix sur la base de cette maxime philosophique : La vie est un éternel combat !

I) Alors Taïïut ! Moi je crains dèguin*, sus à l'ennemi et finissons-en !

>> **Pages suivantes**

II) Assez d'horreurs comme ça, et tentons d'y échapper en goûtant tout de suite aux délices du jardin d'Allah ! >> **Page 63**

*Moi je crains dèguin : Fanfaronne et loufoque expression de Marseillais généralement en état d'ébriété exprimant qu'il n'a peur de rien ni de personne.

Le combat

C'est donc face à ce dilemme, me battre jusqu'à la mort avec un autre humain ou souffrir l'éternité en enfer, que je me suis subitement retrouvé en une vaste caverne, un glaive à la main auquel je m'accrochais comme un soutien dérisoire, car encore eusse t-il fallu que je sache m'en servir !

La terre boueuse ici ruisselait de sang, probablement humain étant donné le nombre de membres déchiquetés qui jonchaient le sol. Sans compter l'odeur maîtresse qui régnait en ces lieux : celle de la mort … L'épouvantable odeur de pourriture de cadavres en putréfaction !

Soudain un mouvement derrière moi. Je me retournai vivement, et je vis à la blafarde lueur de torches que s'avançait lentement vers moi un pauvre hère tout dépenaillé, le visage a demi couvert d'un large heaume qui ne me permettait d'apercevoir que le bas de son visage, fort émacié. Ce qui lui donnait l'air plus fatigué que menaçant. Cela me rassura un peu.

Il était, tout comme moi, couvert d'une épaisse cotte de mailles mais déchirée largement çà et là, ce qui laissait apparaître sur ses flancs nombre de cicatrices dont certaines, apparemment récentes, n'étaient pas totalement refermées. Ce qui me rassura beaucoup moins.

Brusquement, il s'adressa à moi d'une voix étonnamment ferme, vu son état de délabrement :

— Je fus un gladiateur, condamné à mort pour m'être converti à la foi Chrétienne. Ceci dit, quoi que tu sois, Chrétien ou Musulman, peu m'importe, je n'ai rien contre toi ! Mais je n'ai d'autre choix que combattre encore et toujours pour échapper aux tourments de l'enfer ! Ce qui consiste à te réduire à l'impuissance et le feu purificateur de l'enfer fera le reste, car nous ne pouvons mourir hélas !

Aussi, si tu veux éviter d'inutiles souffrances, laisse-toi faire ! Je te

promets une fin digne, et presque sans douleur ! »
A ces mots, mon esprit affolé me fournit nombre de messages
d'alerte, du style :" Attention, tu es très mal barré ! Car si tu combats,
n'ayant aucune notion du maniement des armes face à un profes-
sionnel, même fatigué, tu n'as de toute façon aucune chance. D'autant plus que tu n'as jamais réussi à tuer autre chose qu'une mouche.
Mais d'un autre coté si tu le laisses t'exterminer sans combattre tu
abandonnes ta dernière chance d'échapper à la suite des réjouis-
sances. Retourner brûler éternellement en enfer, où peut-être pire
encore. Alors que faire ?
Qu'ai-je d'autre comme alternative ? La fuite ? Impossible… Alors
que faire ? Que faire ? Je ne peux tout de même pas assassiner un être
humain pour entrer dans le jeu de ces démons ! Me convertir passe
encore… Car après tout une religion, quelle que soit son nom, peut-
elle être meilleure qu'une autre ? Fondamentalement non ! Puisque la
seule chose qui compte, en tout cas pour moi, c'est de croire en
quelque chose ou en quelqu'un de bon… ou en tout cas de meilleur
que nous-mêmes afin de nous faire progresser. Aussi, que l'être suprême ait pour nom Dieu, Allah ou Bouddha, cela importe peu !
Donc tuer ne peut absolument pas résoudre ce conflit car le meurtre
est totalement en opposition avec le concept même de Dieu. Ou
alors si c'est le cas, c'est que depuis le départ j'ai tout faux sur toute la
ligne…

Je suis resté ainsi là longuement, comme tétanisé, face à mon adversaire qui, l'air abattu mais parfaitement résolu, ne semblait nullement
douter que ma réponse à sa proposition de « meurtre en douceur » ne
fût autre que négative.
Et puis, après un curieux instant d'une rare intensité pendant lequel
mon esprit semblait comme flotter hors du temps et de ce lieu maudit, quelque chose soudain, dicté peut-être par son regard las résonna
en moi. Et c'est ce " quelque chose " qui me sembla prendre pour
moi cette terrible décision : Celle de me laisser occire …
Je demeure incapable aujourd'hui, de me rappeler qu'est-ce qui avait
bien pu me faire prendre une décision aussi insensée…   Dieu ?
Existait-il ? Peut-être car il me semble qu'en ces moments terribles, il
était bel et bien là, quelque part. Et sa présence me donnait la sensa-

tion de rayonner dans un univers d'absolu ou plus rien, absolument plus rien n'avait d'importance…

L'homme pitoyable face à moi, que je considérais un instant plus tôt comme un ennemi, perçut ce changement en moi et je vis comme une étincelle d'espoir passer alors dans des yeux, qui depuis longtemps déjà n'espéraient plus rien.

— Ton sacrifice est digne d'un véritable Chrétien même si je sais que tu as abjuré ta foi, et crois-moi, tu ne regretteras pas ton geste ! m'affirma t-il.

Mais hélas, je m'aperçus rapidement que ce qu'il entendait par « me réduire à l'impuissance sans douleur » s'avérait en fait impossible. Car ce lieu damné avait ses propres lois de physique qui établissaient que par pur raffinement de cruauté sans doute, j'étais en réalité immortel … et donc condamné à souffrir !

Ainsi, chaque fois, qu'il me tranchait la gorge, la blessure se refermait instantanément, avant que ma tête ne tombât. Et pareillement pour chaque coup qu'il me portait, où que ce soit. La blessure, chaque fois se refermait, mais l'atroce souffrance causée, elle, était bien présente ! Et c'est bien plus tard d'ailleurs, en y réfléchissant, que je compris comment il m'était possible de supporter un tel degré de souffrance sans m'évanouir.

En fait, mon corps dans cette dimension n'était que "virtuel". C'est-à-dire que, un peu comme dans les jeux vidéo, les coups reçus ou portés avaient une dimension plus psychique, que réellement physique, puisque mon corps ne recevait plus les stimuli de souffrance envoyés par des nerfs. Mais, néanmoins, l'intensité du mal était pourtant bien là, et plus insupportable encore que dans le monde des vivants...

Quoi qu'il en soit, je n'eus finalement d'autre choix que de combattre mon adversaire, compagnon d'infortune. Il me fallait agir, quel que fût le résultat car ma douleur physique et morale me rendait fou.

Qu'est ce qui me fit prendre cette décision contre nature et parvenir à oublier ma brève rencontre avec l'infini ? Folie meurtrière contagieuse, énergie du désespoir, réaction à une situation de totale impuissance ou l'influence destructrice des démons omnipuissants en ces lieux ?

En fait, je ne doute nullement que cet affreux carnage fratricide était écrit et faisait partie de notre absurde destin. Mektoub comme disent les arabes ! Et peut-être n'avaient-ils pas tort de croire que tout était écrit. Conclusion que je jugeais jusqu'à présent comme une réaction fataliste aux coups du sort, inspirant plus à se laisser vivre qu'à tenter réellement de diriger sa vie…

Si donc, tel était le cas, si tout était écrit, il était dès lors impossible d'échapper à sa destinée… Ce qui pouvait expliquer pas mal de choses sur l'absurdité de nombre de conduites humaines, puisque nul ne pouvait échapper à son destin. Un destin qui prouvait pousser des êtres à agir de façon aussi cruelle que par exemple des musulmans massacrants leurs frères humains.

Comment en étions-nous arrivés là ?

Comment l'être humain qui s'enorgueillissait tant de son appartenance à une race supérieure, au point d'ailleurs d'être le seul animal qui s'autorise à penser qu'il n'est plus un animal, comment cet être pouvait-il avoir une conduite aussi abjecte et absurde ? N'étions-nous donc que le jouet de forces invisibles qui nous manipulent secrètement ? Se pouvait-il que les terroristes semant la mort au nom d'Allah puissent avoir raison ? Non, impossible car je me remémorai que dans le Coran il est dit qu'il n'est permis aux musulmans de faire la guerre que de façon défensive. Lorsqu'ils sont opprimés et soumis à la violence[1] .

C'est dans ces états d'âme que la transe du combat me plongeait et puis… finalement, j'en vins à aimer cette transe, cet acharnement aveugle à vouloir détruire l'autre face à moi. Cette hargne, cet état de haine profonde me semblait quelque part libérateur et me faisait oublier mes tourments… et j'en vins même à l'aimer ! A aimer cette rage libératrice ! Libératrice sans doute de la bête qui sommeillait en moi…

Lorsque j'eus enfin une idée pour sortir de cette inextricable situation. Une étrange vision : Celle des éternels combattants de la légende des siècles ! Poème surréaliste de Victor Hugo, qu'un professeur de Français probablement adepte des combats de capes et

---

[1] Autorisation est donnée à ceux qui sont attaqués (de se défendre) - parce que vraiment ils sont lésés; et Allah est certes Capable de les secourir - ceux qui ont été expulsés de leurs demeures, contre toute justice, simplement parce qu'ils disaient: "Allah est notre Seigneur". (Le Coran, sourate al-Hajj, versets 39-40)

d'épées, nous avait forcés à apprendre par cœur. Ce poème au demeurant interminable, relatait l'histoire de Roland de Roncevaux, neveu de Charlemagne, combattant par l'épée un unique ennemi, manant invincible (tout comme lui-même), et ce pendant moult jours et nuits sans jamais parvenir à une issue fatale... Pour conclure, seul le fait de préférer manier le discours aux armes -discours soi dit en passant tout en alexandrins, ce qui prouve de façon irréfutable, qu'au moyen-âge on était des bêtes au niveau de la syntaxe et du style- bref, pour en finir se mirent à utiliser les mots pour remplacer le glaive, et cela seul avait donné lieu à une issue...

Ce souvenir fit naître en moi un fol espoir. Qu'est-ce qui m'empêchait de suivre leur exemple ? Aussi vais-je tenter ici de retranscrire le discours surréaliste qui s'ensuivit. Propos dicté je ne sais trop, par la fièvre, le délire, la fatigue où peut-être étions-nous proches de la catalepsie, état propre à laisser des entités invisibles communiquer par notre bouche.

Sur le coup, je serais tenté de dire aussi que je sentais profondément la présence d'un « ange gardien » s'exprimant par mes lèvres, même si aujourd'hui encore j'ai du mal à le croire...

C'est ainsi que je/l'ange prit la parole et que magiquement cet extravaguant dialogue s'ensuivit :

— Frère, je t'en supplie, cessons ce vain combat !
— Soit, laissons notre sang reposer un instant
Mais point de fourberies! N'altère pas mon humeur !
Cet instant de repos m'est si doux en cette heure !
— N'en n'aie crainte aucune, ô mon frère d'infortune
— Frère, dis-tu ? Désolé, je n'en ai ici bas !
— Que nenni ! Mais laissons bas les alexandrins
Car ce que j'ai à dire me sort tout droit du cœur
Et ne saurait souffrir de savants raffinements...
Tu es bien et je suis bien ton frère, oui ! Car j'en suis sûr à présent, tous les hommes sont frères en ce monde. Qu'ils soient Chrétiens, Juifs, Musulmans ou autres. Tous ces noms ne sont au fond que différentes manifestations religieuses enseignant différentes façons d'analyser l'enseignement d'un même Dieu unique !
Car dans le fond quelle importance d'appartenir à un camp ou à l'au-

tre ? Cette subtile différence entre nous, est finalement parfaitement futile ! Ne vois-tu donc pas, qu'en réalité c'est surtout notre orgueil qui nous pousse ainsi à combattre sans la moindre pitié ni le moindre répit, au nom de notre foi ! Ne sens-tu pas au fond de toi, que la religion, jamais, n'a eu pour dessein, de faire s'entretuer des frères entre eux.

Non, je te l'assure Dieu ou Allah quel que soit le nom qu'on lui donne, jamais n'a eu d'autre volonté que de semer partout amour, compassion et tolérance ! Or si ce n'est le cas, c'est que des démons ont transfiguré le message initial. Et si nous restons là à nous combattre, c'est bien parce que ces mêmes démons se jouent de nous... des démons oui... NOS propres démons intérieurs !

Aussi, je t'en prie, cessons cet inutile combat... et embrassons-nous ! Cet ultime symbole de pardon, mettra fin à tout le mal qui est en nous, car ainsi nous serons nous-mêmes pardonnés... »

Ce discours angélique eut miraculeusement l'effet escompté. Mais alors que nous ôtions nos casques afin d'accomplir l'acte symbolique du pardon, quelle ne fut pas ma stupeur de me retrouver face à ... moi-même !

Pendant quelques secondes, comme flottant en dehors de l'espace-temps, j'en fus totalement anéanti. Mon cerveau ne trouvant aucune explication logique tournait dans le vide affolé et me transmettait son vertige...

Lorsqu'il se calma un peu, il tenta quelques conclusions hâtives comme le fait que " je suis actuellement en train de vivre un mauvais rêve, oui certainement un cauchemar à la con digne de ce nom ", mais pourtant tout cela semblait si réel, ce décor ces torches ce brasier d'enfer crépitant au loin, non impossible je ne rêvais pas... Il me fallait donc réunir plus de logique pour parvenir à une explication... De la logique ! Facile à dire dans ce monde de fous où ne semblent régner comme seuls principes de réalité physique que le mal, la douleur et... cet ennemi devenu... moi-même !

Que conclure de ce délire ? Cela ressemblait à une sorte d'énigme à caractère philosophique ... Moi et mon ennemi ! Cet ennemi, ce rival c'est moi même ! ...L'homme, il est vrai et surtout l'ennemi de lui-même. Et c'est peut-être pour cela que lorsqu'il trouve un ennemi à sa hauteur, à force de le combattre, il finit par s'identifier à lui par admiration réciproque ...

Autre explication, le Jihad ! Ne venais-je pas d'engager un combat terrible contre moi-même ? Ce qui est, n'en déplaise aux terroristes la définition même du Jihad : La lutte contre soi-même[1]. D'ailleurs le Coran ne conseille-t-il pas également de faire de son ennemi son ami[2] ?

Ainsi, dans l'absolu, et même aux tréfonds de l'enfer, ce qui est le mal doit un jour finir par s'identifier au bien, et en somme, l'amour finit toujours par l'emporter ! Ce qui signifie du coup, qu'au fond l'amour et la haine ne font qu'un, d'où un seul Dieu, d'où…

Mais je n'eus pas le temps d'aller plus loin dans mes méditations métaphysiques car, avec la naissance de cette étrange prise de conscience, une curieuse alchimie mystique venait de s'opérer en moi.

Avec cette révélation je me sentais comme… libéré d'un grand poids… libéré de chaînes invisibles… libéré de ma haine de moi-même. Et ma haine ayant disparu, je me suis senti… léger…. tellement plus léger que je pouvais presque me sentir m'élever…

Non, j'étais réellement en train de m'élever vers le haut ! Je n'eus que le temps d'apercevoir le sol couvert de sang de la caverne allant en s'amenuisant et surtout cette dernière image insensée: A travers le heaume ouvert de mon ex-ennemi qui levait la tête vers moi, j'aperçus à la place de ce qui aurait dû être mon/son visage, qu'il n'y avait plus à présent que ... du vide ! ...

Et puis finalement au moment où j'allais m'écraser contre la paroi du haut l'attraction se fît encore plus terrible, indescriptible et c'est ainsi que le souffle coupé ....
...........................aaaaaaaaaaaaaaaaaaaaaaaaaaaaaaaaaaaaaaaaaaaa
aaaaaaaaaaaaaaaaaaaa..........................aaaaaaaaaaaaaaaaaahhh…
....

---

[1] Le Jihâd majeur est l'effort que doit faire tout musulman pour lutter contre lui-même, les penchants de son âme, contre son égoïsme et ses instincts, contre son orgueil et sa passion de dominer les autres.

[2] Repousse (le mal) par ce qui est meilleur; et voilà que celui avec qui tu avais une animosité devient tel un ami chaleureux. (Le Coran, sourate al-Fussilat, verset 34)

……..…aaahhh……………………………………………………………………………………
aaaaaaaaaaaaaaaaahhhhhhhhhhhhhhhhhh!!!!!!!!!!!!!!!!!!!!!!!!!!!!!……………..

………….. je finis par retomber avec une effroyable brutalité mais avec un soulagement indéfinissable, dans mon si regretté corps physique de mortel.

Incroyable !

J'étais de nouveau vivant ! Assommé par la violence du choc, et peut-être pas totalement en état de marche ni en entier… mais quelle importance…. J'étais vivant !

Et la première chose que je vis lorsque le voile trouble qui m'embuait les yeux se dissipa fut le visage inquiet de ce bon vieux Professeur, penché sur moi.

— Jack ! Jack ! Comment te sens-tu petit frère ? J'étais mort d'inquiétude ! Je ne comprends pas ce qui s'est passé ! Je suis vraiment navré mais il s'est passé quelque chose de totalement… désolant !

Tout se déroulait à peu près normalement, puis soudainement les circuits du casque se sont mis tout à coup à surchauffer... un court-circuit s'est produit et tu as été touché par des décharges électriques accompagnées d'étincelles qui t'ont brûlé un peu partout. Surtout à la base du cou. Et puis juste ensuite, tu as été en proie à de terribles convulsions, pendant … Attends je consulte mes cadrans… Six heures et un peu plus de 6 minutes ! » Est-ce que tu te sens mieux à présent ? »

— Oh oui ! Beaucoup mieux ! Non, ne vous inquiétez pas pour ces brûlures ! La douleur est vraiment très supportable à côté de tout ce que je viens d'endurer !

Oufff ! Si vous saviez ! Si vous saviez à quel point, je suis heureux de retrouver le monde des hommes... Mais je pense que vous attendez de moi le récit de mon voyage. Aussi je vais tenter de le faire, lorsque je me serais reposé bien que tout cela soit quasiment inénarrable !

Pour résumer je n'ai vécu, comment dire… Qu'une mauvaise rencontre face à moi-même…. Mais je peux quand même vous dire ceci. : Vous aviez parfaitement raison sur ce point : La vérité se cache derrière la mort ! Seulement, je pense qu'il est bien préférable d'attendre tranquillement sa dernière heure arriver, pour la connaître !

En tout cas, moi, c'est ce que je ferai dorénavant !

J'en suis désolé, mais pour ce qui est de sauver l'humanité, j'ai bien peur de ne pas être moulé dans l'étoffe dont sont faits les héros !
— Ça, je n' en suis pas si sûr ! me répondit le clairvoyant professeur de son énigmatique sourire.

Et je sus alors qu'il devait avoir raison, quelque part... Car le récit d'une histoire, d'un conte, d'une pensée philosophique ne peut que se propager, aussi longtemps qu'il croisera les yeux d'un lecteur pour lui prêter vie et diffuser ainsi son message...

Et ce lecteur c'est VOUS !

Ainsi selon ta volonté, ô omnipuissant lecteur qui détiens en tes mains le futur, souhaites-tu à présent :

Visiter le royaume d'Allah   >> **Pages suivantes**

ou

Faire d'autres voyages métapsychiques

La philosophie Bouddhiste Une philosophie plus qu'une religion parmi les plus anciennes du monde, et du coup...

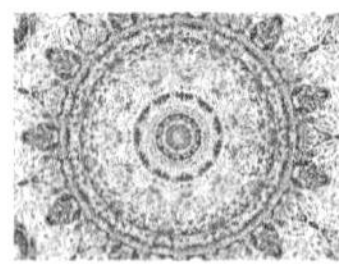

>> **Page 75**

Tu ne fais pas trop confiance aux religions et ton éthique personnelle fait de toi plutôt un **athée ou un agnostique** ? A toi de trouver ta voie.

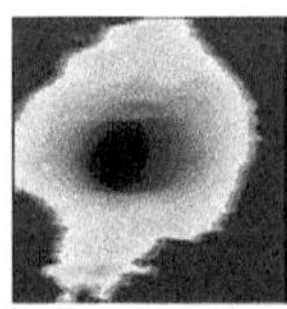

>> **Page 99**

La foi Chrétienne ça tout le monde pense connaître mais...

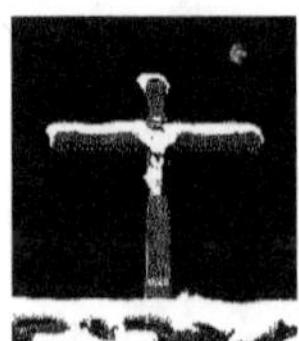

<< **Page 21**

Au paradis d'Allah

 N'ayant guère le choix, je me résolus à me battre.

Et ce combat dura une éternité ! Car jamais il n'y avait de vainqueur, pour la bonne raison que dans ce monde démoniaque notre sang était intarissable, et que nos membres à peine tranchés repoussaient comme par enchantement.

Sans jamais connaître le repos, ni la satiété, j'endurais ainsi la souffrance d'au moins l'équivalent d'une vie entière de jeûne du Ramadan. Je devais supporter non seulement la faim et la fatigue, mais également la douleur des coups sans cesse renvoyés par cette espèce de Djinn infatigable avec qui aucun dialogue n'était possible. Etait-il seulement doué de la parole et avait-il une âme ? J'en doutais fort. En fait je crois bien que seule la rage de vaincre pour en finir et goûter enfin au repos me faisait encore tenir debout.

Plus tard, bien que n'ignorant pas que le pardon de la rédemption n'était pas vraiment au programme dans le Coran, j'entrepris de prier Allah, puisque j'étais entre ses mains, avec une grande ferveur. Ponctuant souvent mes coups d'épée d'un « Allah est grand ». Que pouvais-je faire d'autre de toute façon ?

Lorsque enfin un beau jour ou un siècle plus tard, mes prières furent exaucées avec le retour de l'Archange Gabriel que cette fois je nommai sans fausse note.

Il me tint à peu près ce langage : « Très bien, tu as prouvé ta bravoure en choisissant de combattre vaillamment ! Or celui qui combat pour lui, Allah le déclare juste, et à l'infidèle qui se convertit il lui sera pardonné. Tu n'es donc plus un mécréant et mérites le paradis des combattants de l'Islam ! »

 Sur ces mots, il me saisit, cette fois avec douceur, et c'est ainsi que je fus élevé jusqu'au paradis d'Allah !

Un paradis gigantesque où l'élément liquide semblait rivaliser avec l'élément solide car partout, à perte de vue, ce n'était que sources, fontaines, rivières, lacs, d'une eau pure et cristalline. Mais aussi fontaines de lait, de miel, et certainement de tous les délicieux liquides que la terre eût jamais fait jaillir de son sein.

Et ce monde résonnait de joie, égayé par les cris d'une multitude d'enfants s'amusant entre eux, parmi d'immenses champs de fleurs irisées, qui redressaient leur tige instantanément lorsque l'un des enfants venait à les piétiner.

— Par Allah, est-ce là le paradis des enfants, m'enquis-je auprès de l'un d'eux .

— Oui me répondit-il, car ici nous sommes tous les enfants d'Allah, et il nous appartient de vivre éternellement à l'âge qui nous plait ! Mais si tu préfères le monde des adultes, il se trouve là-bas, au niveau supérieur. Eux ils préfèrent vivre dans de vertes et fraîches vallées ombragées.

A chacun ses désirs » me lança t-il avant de s'éloigner en exécutant de vertigineuses pirouettes quasiment impossible à réaliser sur terre, mais que la quasi absence de gravité permettait ici.

Tentant de l'imiter, je me suis élancé et après quelques ratés maladroits je survolai gaiement le territoire des enfants, tel un oiseau. Mes bras faisant office d'ailes et mes jambes de gouvernail. Puis effectivement, passé le paradis des enfants, je me retrouvai en de luxuriantes vallées où se déversaient, d'une multitude de sources et de torrents, autant de liquides délicieusement nourrissants et rafraîchissants.

Lorsque j'atterris, je découvris qu'il y faisait plutôt frais, climat qui ne nuisait nullement à la présence, contiguë et quelque peu incongrue, de chênes centenaires et moussus, de palmiers dattiers ployant sous leurs fruits et de jasmins en pleine floraison. Il exhalait de cette magnificence arborée un mélange de parfums des plus envoûtants.

" Quel monde merveilleux ! me suis-je extasié, cela méritait finalement d'avoir vécu toute cette souffrance… Par contre comment se fait-il que je n'y croise aucun habitant ? Et surtout les amis de mon rêve, car ils existent bel et bien, j'en suis certain à présent !"

A peine eus-je prononcé ces derniers mots que je me retrouvai, comme par enchantement, au bord d'un lac sur lequel voltigeaient des milliers de pétales de roses. Ces fleurs provenaient d'une multitude de rosiers géants en fleurs qui le bordaient et qu'une brise délicate et parfumée faisait choir en permanence. Je reconnus immédiatement à sa couleur apaisante le lac rose de mes rêves.

" Génial ! C'est encore plus beau que dans mon rêve ", fis-je, enthousiasmé comme un enfant qui découvre le monde des jouets.

Et puis soudain, au détour d'un chemin, j'aperçus enfin mes amis, ou plutôt mes amies, car il n'y avait là que des femmes aux grands yeux noirs d'une beauté… éclatante. Celles-ci s'amusaient du féerique reflet d'elles-mêmes que leur renvoyait une source, d'où coulait littéralement du miel céleste de la couleur de l'or. Ce qui en faisait jaillir mille feux sous l'éclat du soleil.

— Sois le bienvenu au royaume d'Allah, Jack ! me souhaita l'une d'entre elles, que je reconnus immédiatement à son fascinant sourire. Celle qui avait, j'en eus la certitude en cet instant précis, suscité en moi le désir secret de toute cette aventure.

« Ici, je m'appelle Shéhérazade... comme la princesse ! » minauda-t-elle en me prenant la main. Ce qui n'avait rien d'étonnant, car son type était typiquement oriental, ce qui ne m'avait pourtant pas frappé dans mon rêve. Mais je n'en étais nullement déçu, car la pureté du grain de sa peau, la splendeur de sa brune chevelure finement bouclée et la courbure de son corps doré et satiné, que je pouvais apercevoir à travers ses vêtements de fine soie aux couleurs chatoyantes, étaient d'une perfection absolue. Ce qui me fit d'un seul coup oublier toutes mes attirances passées pour les femmes nord-européennes.

— Oh, si vous saviez comme je suis heureux ! Infiniment heureux de vous retrouver enfin, toi et les autres... parvins-je enfin à articuler en déglutissant. « Mais dis-moi, où sont passés les autres ... je veux dire les hommes du groupe ? »

— Te manquent-ils ? me demanda-t-elle sur un ton ingénu tout en me caressant doucement les cheveux. Ce qui eut pour conséquence logique de me faire immédiatement répondre par la négative.

— Nous avons choisi de vivre seules, expliqua-t- elle, car nous étions lasses de ces hommes que nous avions déjà dû servir, toute une vie durant. D'autant plus que même ici, ils ont conservé l'habitude de nous commander mille choses, alors qu'ils ont tout à loisir mille houris pour se divertir et autant de jeunes éphèbes pour les servir !

— Car ici, chacun est libre de faire ce qu'il lui plait !" enchaîna une

autre de ces divines créatures. D'ailleurs nombre d'entre nous sont restés groupées "en famille" auprès de leurs chers disparus...
— Tout comme nous au début, la coupa une troisième, et puis finalement nous nous sommes lassées de cette vie... et d'esclaves, nous sommes devenus reines.
— Heu oui mais... hem, les hommes ne vous manquent-ils pas ? ai-je demandé à la ronde qui s'était formée autour de moi.
— Pas du tout ! Il nous suffit, de temps à autre, d'appeler vers nous, qu'Allah nous pardonne, une âme nouvelle. Comme toi...
— ... infiniment plus amusantes et intéressantes que les âmes anciennes, qui ont perdu fougue et ardeur...
— ... et dont certaines finissent même par devenir blasées, bien qu'il n'y ait nulle limite à leurs désirs !
— Car l'homme est ainsi fait qu'il n'est jamais satisfait ! " conclut Shéhérazade.
— Ah bon ? Et de quelle façon vous heu ... amusez-vous, avec les hommes à l'âme nouvelle ? ai-je alors demandé pour relancer le sujet, que je trouvais de plus en plus intéressant.
— Comme ceci ! firent-elles en cœur.
Et tout en riant aux éclats, elles se jetèrent alors sur moi... et je connus mille plaisirs dont la décence ne me permet pas de vous en conter les détails.
" Vraiment ! me suis-je dit en un fugace instant de réflexion, le paradis d'Allah est rudement débridé pour ses guerriers de la vie qui n'ont jamais rien connu d'autre qu'une prude austérité ! Mais bon, ça ne me dérange pas... et même pas du tout, du tout ...

❧⋅ଓଷଏ଼ଛୠଌ⋅ୡ

Le temps passa voluptueusement en cette douce compagnie, et je ne parvenais toujours pas à concevoir que l'on puisse se lasser d'un tel raffinement de plaisirs.
Jusqu'au jour où, alors que je prenais mon bain de jouissance coutumière, une pensée insistante commença à me hanter.
— Jack ! Jack ! faisait une voix à l'intérieur de mon esprit. Le temps n'est pas encore venu ! Il te faut à présent retourner et répandre le message de la toute puissance d'Allah sur le monde.

66

— Noon ! non ! Je ne veux pas y retourner !

J'ai déjà payé bien assez cher le privilège d'être ici ! Je ne veux pas avoir à revivre cette vie terrestre où chaque instant est un combat permanent. Où, depuis le fin fond des âges, le fort écrase le faible par plaisir ou simplement pour survivre. Où l'argent a imposé sa loi et corrompt tout sur son passage, au point d'avoir remplacé Dieu dans le cœur des hommes !

— Justement Jack, pour que tout cela change, il te faut aller témoigner au monde, ce que tu as vu de tes yeux !

— C'est ça … et puis devenir un nouveau messie ! Je connais trop le sort qui est réservé aux prophètes dans le monde d'en bas ! »

Je tentais tant bien que mal de résister, mais la voix sans cesse insistait, à chaque fois davantage.

Et puis arriva ce jour maudit et ce qui devait arriver arriva. Car l'homme face à Allah jamais n'est de taille à discuter et n'a d'autre choix que de se prosterner.

— Que t'arrive-t-il ? s'inquiéta ce jour funeste Lilah, l'une de mes préférées, alors cambrée sur moi. Est-ce qu'à toi non plus, nous ne te faisons plus d'effet ? Peut-être nous préférerais-tu avec notre apparence véritable, celle de notre corps pourrissant en terre ? Hein ? … Tu ne veux pas répondre … Très bien ! Montrons-lui les filles !

— Qu'est ce qu … Nooooon ! ai-je alors hurlé en tentant de me dégager. Mais sous mes yeux impuissants commençait à se dérouler une scène épouvantable qu'aujourd'hui encore je ne peux me rappeler sans frissonner d'horreur. Celui qui s'est déjà réveillé en hurlant afin de mettre un terme à un cauchemar terrifiant, lui seul me comprendra. Le pire de tous les cauchemars, oui, c'est bien ce que j'étais en train de vivre !

Car tout autour de moi, le monde s'effritait sous de violentes secousses. Il ne s'évanouissait pas, non, il sombrait dans la pourriture !

Et les superbes créatures qui m'avaient donné tant de plaisir commençaient à se disloquer. Leurs membres, si gracieux un instant auparavant, flétrissaient à présent à vue d'œil. Ils se détachaient et tombaient sur moi en morceaux, exhalant l'atroce odeur de la mort !

Et puis pire que tout, arriva le comble de l'horreur lorsque ce fut le tour de ma si douce Shéhérazade de se métamorphoser. Mes yeux

terrifiés virent alors son visage d'une grâce infinie se sillonner en un instant, avant que de se disloquer en tombant par plaques successives. A sa place apparut alors une hideuse tête de vieille toute grimaçante, qui de sa bouche édentée, ricana :
— N'aie pas peur Jack ! Jamais tu ne te lasseras de nous ! Car nous allons très bien nous occuper de toi ... et pour l'éternité. Hin hin hin hin hin hiiin !!!
— Noooon ! Lâchez-moi ! Au secours ! j'ai hurlé en me débattant comme un beau diable...

. . . et je me suis réveillé en mon corps physique, couvert de sueur, comprenant en cette même seconde que, pour moi, le paradis c'était bien fini ! Le visage où se mêlaient l'inquiétude et... une autre expression indéfinissable du professeur était penché sur moi. J'eus alors un mouvement de recul.
— Comment te sens-tu, Jack ? Non, calme-toi ! C'est moi, ton ami ! Le Professeur Fiddhârta . Fiddhârta Forcas Fatwa.
— Fiddhârta ? Vous ne vous appeliez pas Sid...
— Chuttt ! Ne te fatigue pas pour le moment ! Car ton retour a été rude. J'en suis désolé, mais j'ai dû me résoudre à utiliser la manière forte, à l'aide d'électrochocs pour te ramener parmi nous. Cela fait maintenant six jours, six heures ... et six minutes que tu nous as quittés ajouta-t-il après avoir consulté sa montre. Et nous ... je veux dire, je commençais à douter de ton retour », dit-il avec un étrange sourire où cette fois je crus déceler comme de la ruse - ou bien était-ce un effet de mon imagination dû peut-être à d'éventuels effets secondaires ?
« Ne bouge pas, je vais te préparer un petit remontant. Bien costaud !» ajouta-t-il d'un clin d'œil appuyé alors que j'étais en train de me frotter les yeux, afin de savoir si je ne rêvais pas. Mais rien à faire, quelque chose ici que je ne parvenais pas à définir n'allait pas, ne collait pas avec la réalité !
" Je me demande si je suis bien revenu à mon point de départ ! " ai-je marmonné, fort inquiet.
Alors profitant de son absence, je me suis levé et sans faire de bruit, j'ai fait le tour de la pièce, à la recherche de quelque chose, je ne savais trop quoi, un indice peut-être qui me permettrait de me rassurer

ou d'expliquer mon malaise croissant. C'est alors que j'ai aperçu le vieux classeur où le professeur classait habituellement ses notes. Je jetai fébrilement un œil sur la dernière ligne écrite et ce que j'y lus me glaça subitement le sang !

" Azd ix btôl "

Moi, F. F. F. dernière réincarnation d' A. A. A. offre cette âme innocente au prince Ktls Tlis Utsls. Que par ce sacrifice se réveille le dormeur des ténèbres, et se réalise l'ultime prophétie du retour des anciens.

D'un geste vif, je retournai la couverture du classeur. Je m'aperçus alors qu'en fait il ne s'agissait pas d'un classeur mais d'un très vieux grimoire. Sur sa couverture en lettres rouge-prune tel du sang séché, un titre qui me glaça le sang :

Nécronomicon 2
N'est pas mort ce qui à jamais dort

J'avais sous les yeux la suite du Nécronomicon[1], écrit par l'Arabe dément "Abdul Alf Azred", le livre damné des sortilèges ! Celui qui permettrait aux créatures infernales endormies d'ouvrir le passage leur permettant de réintégrer notre univers !
Tout s'expliquait ! Du moins en ce qui concernait mon malaise. Il y avait donc réellement plusieurs univers parallèles avec plusieurs réalités dans chaque univers distinct ! Ça je n'avais aucune peine à le croire, vu celui duquel je venais de sortir. Et cette âme innocente à sacrifier, c'était forcément moi ! Il me fallait fuir ! Fuir cet endroit

---

[1] Inspiré par l'ouvrage fictif de l'écrivain américain H.P Lovecraft

maudit avant qu'il ne soit trop tard ! Et vite. Très vite !

Oui mais comment faire... Ça ne me servait à rien de m'enfuir dans la nature car a priori tout portait à croire que ce monde-ci n'était pas le monde réel … ou en tout cas pas le mien ! … dans ce cas une seule solution : La machine ! Elle seule pouvait me renvoyer dans mon univers d'origine, ou en tout cas dans un autre où je ne serais pas le mouton du sacrifice de l'Aïd... en espérant que cette théorie soit la bonne !

J'ai fixé rapidement l'imposant casque-concentrateur sur ma tête et alors que ma main tremblante cherchait le potentiomètre censé stimuler et surmultiplier l'énergie de mes flux cérébraux, j'entendis une voix gutturale se rapprocher en vociférant des paroles inintelligibles qui me clouèrent sur place. Rassemblant néanmoins tout mon courage, je tournai fébrilement le potentiomètre … mais rien ne se passa...

Forcément ! Je ne dormais pas ! Pour « décoller » il me fallait plus de stimuli d'amplification afin de compenser le manque d'ondes Alpha, ondes naturellement émises lors du sommeil... ça risquait d'être sacrément dangereux mais à côté de ce qui m'attendait ici... le choix était vite fait.... Je tournai à nouveau le potard... à fond cette fois !

Aussitôt mon cerveau fut inondé par un déluge liquide et glacial ! Glacial et douloureux tel un son électronique de techno très torturée passée à fond sur une sono de 10 000 Watts. Et puis...

tout ce dont je me rappelle avant de sombrer, c'est d'un bras griffu cherchant à m'arracher le casque qui grâce au ciel résista. De l'odieuse sensation du courant électrique sur-amplifié parcourant tous mes muscles, accompagné comme la fois précédente de ce Dzzziii maudit qui me vrillait les oreilles, qui me vrillait mes tempes, qui me vrillait le cerveau, qui me vrillait... tout le corps et la tête entière... tête qu'une force démoniaque tentait en même temps d'arracher de mon corps et DDDzzzzzzzzzzzzzzzzzzzzzzzzzzzzzzzzzziiiiiiiizzzzzzzzzzzzzzzzzzzzzzzzzzzzz ziiiiiiiiiiiiiiiiiiiiiiiiiiiiiiiiiiiiiiiiiiiiiiiiiii...

....

....

....

.... je me suis réveillé gesticulant, la tête entre les mains du même professeur, dont le visage, cette fois ne rayonnait que d'inquiétude... et de bonté.

— Jack ! Jack, mon petit ! Je t'en prie calme-toi ! Non ne crains rien ! J'essayais simplement de t'essuyer le front, tu es couvert de sueur ! ... Voila ! Ça va mieux ?

Oh si tu savais comme je suis heureux ! J'ai eu tellement de mal à te récupérer ! J'ai dû méditer et prier jour et nuit, car j'ai bien cru que tu ne te réveillerais plus ! Oui, j'ai bien dit, réveiller, Jack ! J'en suis désolé, mais je crains fort que l'expérience n'ait échoué ! C'est stupide ...juste en phase terminale... Car apparemment, tout s'était bien déroulé en phase I et II, et puis, je ne sais pourquoi alors que mes instruments affirmaient que tu étais de retour, conscient et éveillé, en réalité tu étais entré dans une phase de profond coma catatonique... Dont j'ai bien cru que tu ne sortirais jamais. Mais heureusement tu es revenu enfin ... miraculeusement !

— Miraculeusement, oui c'est bien le mot ! fis-je avec un sourire beat de gratitude, subitement amoureux de l'humanité toute entière.

« Tranquillisez-vous Professeur, l'expérience n'a pas dû totalement échouer, car bien que je ne me rappelle plus de rien, il me reste l'étrange sensation d'être imprégné d'une sorte de... de message à communiquer ! De quelque chose qui me dit que face aux forces maléfiques qui peuplent cet univers, il faut rester extrêmement vigilant... car elles sont partout et peuvent se terrer dans des endroits totalement insoupçonnés... et particulièrement en nous-mêmes ! Aussi pour y échapper, il faut être doué, très doué...

L'on peut se faire aider cependant... par le secours de forces invisibles qui nous dépassent : Comme le propose par exemple le secours de la religion. Quel que soit le nom de cette religion, d'ailleurs. Car la religion n'est pas Dieu ! C'est l'image que les hommes en ont. La religion n'est qu'un moyen parmi d'autres de réaliser Dieu[1].

Car l'important finalement, c'est de croire !

De croire, non pas forcément en ce que nous enseignent les livres sacrés, car s'ils contiennent certains dogmes universels très respectables, mais peu respectés, comme la charité, la considération de son

---

[1] « Car la religion n'est pas Dieu ! C'est l'image que les hommes en ont. La religion n'est qu'un moyen parmi d'autres de réaliser Dieu. » Ces phrases sont issues de « la mort transfigurée » ouvrage collectif sur les NDE de l'association IANDS France

prochain, l'altruisme, ils font de nous des moutons de panurge, voire même des combattants de Dieu. Surtout lorsqu'on sait que la pure pensée d'origine a été polluée par des éléments humains. Les livres réécris et utilisés par des hommes sans scrupules qui s'en sont, continuent et continueront à s'en servir pour assouvir leurs propres desseins. Alors même qu'il faudrait au contraire nous élever dans une quête individuelle de la recherche de la vérité, tout en respectant les croyances d'autrui, même si elles nous semblent vaines ou inutiles ! Car quelque part, toutes ces religions sont complémentaires et s'adressent au même Dieu. Encore une fois, quel que soit le nom qu'on lui donne.

Mais je sais qu'il n'est pas trop tard encore pour changer le monde !

Pas trop tard à condition que les musulmans nous pardonnent les affres d'un colonialisme, d'une triste époque heureusement révolue qui n'a épargné personne et mettent fin à leur besoin irrépressible et irraisonné de vengeance permanente sur l'occident, que les juifs fassent un effort pour partager leur terre avec l'occupant précédent et que nous surtout les Occidentaux, qui nous érigeons depuis toujours en maîtres du monde, nous fassions plus humbles. Nous, qui sommes les premiers profiteurs d'un monde d'opulence qui s'effondrera sur nous-mêmes si nous ne donnons pas l'exemple d'une gestion plus opportune et équitable des richesses de notre petite planète malade...

Pas trop tard pour parvenir à une conscience planétaire.

Pas trop tard pour y parvenir si nous nous unissons.

Non, il n'est pas trop tard pour tendre la main à tous ceux qui ont choisi de croire en un idéal de paix, de liberté et de justice. Et ce combat, il commence aujourd'hui. Avec vous professeur... et dans le monde réel ...

AVEC TOI !

Oui, toi qui me lis, as-tu seulement conscience du pouvoir que tu détiens ? Quel pouvoir dis-tu ?

Mais, celui d'influencer autrui qui à son tour influencera quelqu'un d'autre et ainsi de suite la pensée positive fera boule de neige ...

Car c'est bien ainsi que depuis toujours le monde des idées progresse.

Et aujourd'hui grâce au village global que permet le monde de l'internet, ce nouveau monde est en marche. Aussi sois le bienvenu dans le monde des idées. Ne te laisse plus manipuler et agis !

Nous ne sommes plus seuls.
La vérité est en marche. Partage-la !

******

Pour cela tu peux commencer par découvrir ce qu'un combat sans merci au Royaume d'Allah aurait pu t'apporter en sagesse philosophique

<< **Page 53**

ou en t'abreuvant à d'autres sources de spiritualité :

La philosophie Bouddhiste Une philosophie plus qu'une religion parmi les plus anciennes du monde, et du coup...

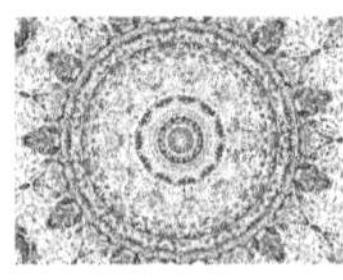 >> **Pages suivantes**

Tu ne fais pas trop confiance aux religions et ton éthique personnelle fait de toi plutôt un **athée ou un agnostique** ? A toi de trouver ta voie.

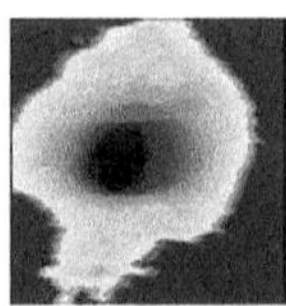 >> **Page 99**

La foi Chrétienne ça tout le monde pense connaître mais...

 << **Page 21**

Selon le bouddhisme

« Au fait ! Est-ce que tu as des convictions religieuses ? Car cela a de fortes chances d'influencer le cours de ton voyage »

« Et bien, j'avoue que votre rencontre commence à me donner un certain penchant pour la philosophie Bouddhiste » parvins-je encore à articuler.

Alors instantanément, du moins c'est ce qu'il me parut, les portes de « l'autre-côté » s'entrouvrirent en mon esprit !

Des millénaires de temps-lumière m'absorbèrent et, l'instant d'après, la vison globale de l'humanité toute entière, jaillit sur moi... et en moi.

Passé, présent, futur, tout se fondait en un seul mouvement.

Puis une majestueuse spirale gigantesque, s'étiolant jusqu'à l'infini m'apparut. Instantanément, je sus qu'il s'agissait de la spirale en forme de double-hélice de la chaîne ADN de l'ensemble des êtres vivants.

Chaque maillon de cette chaîne était composé d'une multitude de

sinusoïdes, base de tous les mouvements vibratoires, représentant chaque Karma individuel. Oui, j'avais devant moi la somme de pensées, de savoir, de sagesse mais aussi l'inconstance, la barbarie, la primarité. Bref, ce qui constituait l'essence même de chaque être... de sa naissance à sa mort. De même, je savais que l'Esprit immortel de chaque être vivant, passé et à venir, était issu et retournerait à cette fantastique spirale, ici, quelque part en dehors du temps, quelque part hors de l'univers quantifiable !
Je compris alors que je me trouvais face à la conscience des consciences!

Ici, le vénérable lecteur en quête de vérité doit effectuer un choix afin de se retrouver :
Immergé parmi les flots tumultueux de la conscience universelle

>> **Pages suivantes**

ou sur le chemin de l'éveil. >> **Page 87**

Dans les flots de la conscience universelle

Et puis une majestueuse spirale gigantesque, s'étiolant jusqu'à l'infini, m'apparut. Je compris alors que je me trouvais face à la conscience des consciences !

Alors, face à cette Ultime conscience, un étrange processus, en moi débuta. Car tout en parcourant ces "maillons de consciences", le film de ma vie toute entière se mit à se dérouler. Mais ... à l'envers.

De mes derniers instants jusqu'au moment de ma naissance, je "vis" ce que j'avais fait de ma vie. C'est-à-dire pas grand chose !

Des choses positives, certes, trop rarement, mais ce qui prédominait, était cet amoncellement de pensées et d'actes terriblement négatifs.

Comme par exemple, le chagrin que j'avais occasionné à ma propre mère. La mesquinerie et l'hypocrisie dont j'avais fait preuve envers ceux que j'appelais mes amis.

Le sentiment de puissance et de gloire que j'avais ressenti en m'en prenant à un plus faible que moi.

La jalousie que j'avais éprouvée face au bonheur des autres, sans pour autant la réprouver.

Les mots d'amour que par fierté je n'avais jamais voulu prononcer. Ainsi que la souffrance que j'avais ainsi semée dans des cœurs qui ne demandaient pourtant qu'à m'aimer...

Tout cela m'apparaissait pleinement en une clarté édifiante !

« Je ne savais pas ... émis-je en guise d'excuse.

Si j'avais eu conscience des torts que je causais, j'aurais agi autrement ! Peut-on reprocher à un enfant sa cruauté lorsqu'il arrache les ailes d'une mouche ? Seule sa propre expérience, plus tard lui apprendra ce qu'est la douleur et l'importance du respect que l'homme doit à tout ce qui est vivant sur la planète... »

Mais au fond de moi-même, je sus à quel point j'évoquai une mauvaise excuse, me mettant une fois de plus en flagrant délit de ...

"Mensonge ! " dit une voix tout au fond de moi. " Tu n'as jamais vécu que pour toi-même."

C'était la voix de ma conscience ! Plus j'évoluai le long de la spirale de connaissance, plus mon esprit semblait s'emplir et s'illuminer d'une lumière intérieure intense et nouvelle.

" Que crois-tu donc ? " reprit la voix. Qu'en ce moment, tu es ici par pur altruisme ? Comme sauveur de l'humanité, peut-être ? Allons donc ! Tout cela, est encore mensonge et hypocrisie ! Au fond de toi, tu sais bien que tu ne fais tout cela que par orgueil !

Un orgueil qui t'a toujours poussé à vouloir affirmer ta différence avec le genre humain. Et aujourd'hui tu montres ton vrai visage en voulant afficher plus encore cette différence par ton soi-disant sacrifice. Sacrifice que tu imagines fera de toi un saint, alors qu'en fait tu ne cherches qu'à vouloir prouver ta supériorité sur tous tes frères humains !

La vérité c'est que si tu es ici, c'est bien pour tenter d'échapper à la réalité. Tout simplement parce que le monde des hommes te fait peur!

Cette réalité à laquelle tu tentes d'échapper, c'est que tu es malade de ton " Moi ". Que tu es totalement incapable dans ta misérable vie terrestre de supporter la vraie nature de toi-même.

Maintenant tu sais pourquoi tu es ici !

Parce que ta lâcheté, ton manque de courage t'ont conduit à tenter d'échapper à ta condition humaine, au lieu d'essayer de la comprendre !

Et que croyais-tu donc ? Que la mort allait te libérer du poids de ta médiocre existence ? Cela serait trop simple si, pour se débarrasser du poids de la souffrance liée à ta perpétuelle insatisfaction, il te suffisait de t'assoupir ! Ce qu'il faut ce n'est pas t'endormir dans la compassion de toi-même, mais tout au contraire de t'éveiller au réel !

Alors seulement, tu seras libre d'échapper à ton Karma ! ... "

« Tout cela est vrai ! » émis-je finalement, abasourdi par ces brutales révélations émergeants telles des nappes de pétrole au beau milieu d'une mer opale. Révélations que mon inconscient avait jusqu'à présent précautionneusement enfuies, sans doute afin de ne pas nuire au petit confort de mon ego !

« Totalement vrai, je le reconnais ! Je ne vaux pas grand chose et n'ai jamais vraiment au fond, éprouvé de compassion pour quiconque mis à part moi-même ! ... mais je ne demande qu'à changer !

Seulement comment pourrais-je jamais… m'éveiller ? Moi, qui ne suis tellement… rien ! Comment pourrais-je un jour découvrir ce chemin de l'éveil ? »

— Tu commences à devenir humble. Et sans le savoir, tu as déjà fait un premier pas sur ce chemin ! Mais je ne puis t'enseigner l'éveil, cela va de soi. Car c'est à toi et seulement à toi de découvrir ce chemin. Tu le découvriras lorsque tu auras suffisamment débroussaillé ton esprit par la connaissance dès la prise de conscience de ta vraie nature et par la compassion et l'amour pour tout ce qui vit. Puis l'énergie qui en découlera fera fructifier les fruits de ta connaissance et ainsi de suite.

Mais je vais néanmoins te donner un indice afin que tu puisses entreprendre ce long travail sur toi-même.

Ecoute bien ceci : Ce n'est que lorsque l'homme se retrouve plongé dans l'adversité qu'il perd enfin son insupportable individualité.

Médite bien là-dessus, et peut-être trouveras-tu ton chemin ! »

— Plongé dans l'adversité ? fis-je soudain paniqué. Ce qui eut pour effet immédiat de me projeter à une distance gigantesque de la spirale. Ce qui produisit en moi une curieuse sensation de manque. « Est-ce que cela signifie que pour trouver ma voie, je dois être plongé dans les flammes des tourments éternels, comme le prédit la bible des Chrétiens ? »

— En premier lieu, il te faut apprendre à écouter ! émit de nouveau la voix sur un ton où je crus discerner un léger courroux. Si tu m'avais attentivement écouté, tu aurais noté que je ne te propose rien d'autre que de méditer, afin d'échapper à tes pulsions ! De plus, si tu tournais, un tant soi peu ton œil intérieur en dehors de l'auto contemplation de ton propre ego, tu saurais déjà que l'enfer, cela n'existe pas en dehors de toi-même.

— Pas d'enfer en dehors de "moi"? Je n'y comprends rien !

— C'est normal, tu refuses de voir au-delà de ce que tes cinq malheureux sens te renvoient comme image de toi ! Si tu jetais un simple regard vers l'absolu, tu percevrais l'origine de ta propre souffrance. Et qu'est-ce que l'enfer sinon la souffrance au quotidien ? Or, tu côtoies chaque jour cette souffrance sans pour autant en discerner son origine :

Toi-même !

A présent tu as tous les éléments nécessaires. Je te laisse afin que tu puisses par la méditation accomplir ce long travail sur toi.»
Alors la voix en moi s'éteignit, m'abandonnant dans les profonds abysses de mes ténèbres intérieures.

Frustré de passer brutalement de la lumière à l'ombre, je fus d'abord en proie à la colère, décuplée par un sentiment puissant de frustration et d'impuissance. Puis la sagesse immanente des flots de la spirale en laquelle j'étais immergé me calma. Alors enfin, je parvins à méditer et entamai le sentier qui allait me mener à la découverte de quatre grandes vérités.

Qu'avait donc dit la voix ?

Que l'enfer c'était la souffrance que je créais moi-même au quotidien.

Que si je regardais au-delà des cinq sens dont j'avais hérité avec mon enveloppe corporelle, j'aurais la vraie vision de l'absolu. Fallait-il en conclure que la souffrance était liée à mon corps ?

Oui, certainement ! Car en y réfléchissant, l'origine de la souffrance venait bien de moi ! Puisque c'est bien à une forme d'esclavage que me condamne mon propre corps, sous forme d'une lutte incessante pour le maintenir en vie. Ne serait-ce que pour le nourrir et l'abreuver. Ou pour lui trouver chaque nuit un endroit sûr afin qu'il puisse se reposer !

Ce qui déjà limite considérablement la notion de liberté de tout être humain condamné dans notre société à travailler sans cesse pour gagner son pain quotidien. A moins que de faire travailler les autres pour soi, ou encore à voler ! Mais j'écartai rapidement cette pensée et son aura de mauvaises vibrations.

Ceci dit l'esclavage auquel me soumettait la vie ne s'arrêtait pas là ! Car que penser de cette autre forme d'esclavage, mental celui-là, car sans cesse attisé par les passions d'un monde de perpétuelle insatisfaction. D'un monde soumis aux dictats de désirs insatiables et sans cesse croissants ! Car l'homme est ainsi fait qu'il n'est jamais satisfait et réclame sans cesse ce qu'il ne possède pas encore, matériellement ou émotionnellement. Ce qui d'ailleurs assure un succès sans limites à une société de consommation à l'échelle mondiale qui ne pourrait prendre fin qu'avec l'épuisement total des ressources de la planète…

L'origine de ma souffrance, c'était bel et bien l'éternelle insatisfaction de mes désirs ! Comment pouvait-il en être autrement d'ailleurs ?

Alors que la nature même de la condition humaine contenait en elle l'esclavage de tous les désirs : Désir de pouvoir, désir de plaire, désir de réussir, désir de conquérir autrui, désir de sécurité en engrangeant toujours plus de biens matériels parfaitement futiles, vu la précarité de la vie. Précarité qui devrait pourtant nous dicter d'éprouver le désir de croître, non en valeurs boursières mais en sagesse.

Sagesse qui seule pouvait nous apporter ce réconfort tant exigé par notre soif d'absolu !

Sagesse qui modifiant notre perception du monde ferait naître en nous d'autres formes de conscience.

Sagesse qui nous délivrerait de notre angoisse existentielle numéro un, celle de la mort.... *Ici des flots d'information m'ont alors violemment submergé et c'est à ce moment précis je pense, que je perdis pied définitivement…*et nous ferait enfin prendre conscience de l'illusion du " Moi ".

L'illusion d'être et d'exister à part entière en tant qu'entité séparée du reste du monde, alors qu'en réalité tout était infiniment lié !

Car si les images et pensées qui formaient notre moi sur cette terre provenaient bel et bien de notre propre cerveau, elles étaient en revanche totalement influencées par d'autres énergies invisibles à nos sens, d'autres formes de consciences.

D'autres formes de conscience que l'homme pourtant quelque part percevait, car il l'avait nommée les Dieux tout d'abord, puis Dieu ! Mais quel que soit son nom, cette conscience immanente en laquelle j'étais immergé *et que mes pauvres mots d'infirme sont si peu aptes à décrire aujourd'hui,* cette conscience existe bel et bien dans le monde des vivants. Nous en sommes issus et la développons sans cesse, car en ce monde tout est lié…

Pour s'en convaincre de manière scientifique il suffit d'observer le monde de la physique pour se rendre compte que notre constituant de base se nomme « particules élémentaires », ce sont également les constituants fondamentaux de l'univers. Cette petite centaine de particules est à la base de toute matière. Immortelles, elles se transforment sans cesse. Le premier à en avoir conscience fut probablement Lavoisier avec cette loi bien connue : " Rien ne se perd, rien ne se crée, Tout se transforme ! "

Ainsi nous, qui sommes déjà poussières d'étoiles, sommes également constitués, sans le savoir de particules d'Einstein ou de Jésus Christ. Ou même d'un tas d'autres inconnus aux noms moins glorieux mais ayant tous quelque chose en commun : Tous exercent leur influence sur le monde et le transforment. A l'échelle moléculaire et génétique par la reproduction, soit, mais aussi surtout au niveau des idées.

Car toute action, toute réflexion crée depuis toujours une forme de synergie immortelle dans laquelle nous baignons !

Ainsi provenant des étoiles premier berceau de la matière, puis sur notre terre actuelle par tout ce que nous inhalons mangeons et recyclons au niveau de la matière, par la force de toutes les pensées émises depuis toujours et elles aussi brassées et recyclées en permanence. Tout, que ce soit matière ou esprit, tout est bel et bien lié et uni en une parfaite Unité depuis le début de la création !

Parvenu à ce degré d'abstraction, la "connaissance" se mit à émaner tout autour de moi, et à fondre en moi. La lumière devint majestueusement éblouissante, et mon désir d'en apprendre encore davantage, le désir d'être omniscient et de connaître pour toujours cette enivrante sensation d'éternité s'amplifia.

Or, en même temps que j'en pris conscience, je sus que tant que subsisterait en moi l'existence de cette émotion nommée "désir", il me serait impossible d'être immergé à jamais en cette inénarrable sensation d'éternité que les bouddhistes nomment " Nirvana "!

Car la passion du tout puissant désir me pousserait de nouveau à m'attacher à la vie. Que cette énergie me ferait revenir encore et encore, dans des formes incessantes d'existences terrestres, par la force de la renaissance, par le moteur de la réincarnation, par l'énergie de la transmigration des âmes. Car tel est notre Karma !

« Cet état de choses était-il immuable ? »

Cette question longtemps resta comme suspendue dans l'espace... sans réponse... et puis la voix de... *comment pourrais-je l'appeler aujourd'hui, disons* ma "conscience cosmique" pour simplifier, bref cette voix émit de nouvelles informations *que je vais de nouveau tenter de vous retranscrire sous forme de dialogue afin de faciliter la compréhension du message.*

S'ensuivit donc un discours de ce genre :

— Te voici presque arrivé au bout du chemin ! Mais pour franchir le dernier sentier, le plus escarpé, il te faut encore apprendre les dures lois du renoncement. Celui du renoncement à tous plaisirs terrestres et à tous désirs. Je/(Tu) peux t'y aider mais est-tu vraiment prêt à en payer le prix ?

— Oui ! répondis-je sans hésiter. Définitivement oui ! Quoiqu'il m'en coûte !

— Et bien soit, émit de nouveau la voix, le chemin qu'il te reste à parcourir sera difficile. Oui, très difficile ! Mais si tu parviens à le gravir, de passer de l'obscurité à l'Illumination finale, alors tu atteindras le Nirvana. Tu ne feras plus qu'un avec le cosmos, et connaîtras la paix et la sérénité à jamais, l'omniscience, et la vérité de toutes choses !

— Je suis prêt ! Que dois-je faire ? Et en aurai-je le temps ?

— Pour cela oui ! Tu vas d'ailleurs connaître une toute nouvelle existence. Non pas dans une nouvelle vie, mais dans un corps différent. Et là, tu auras tout loisir pour y méditer longuement, sois en certain ! Car tu viens toi-même de choisir de te condamner à vivre une toute autre existence. Une nouvelle existence d'infirme ! Ainsi pour ne plus courir inutilement, tu seras désormais paralysé de tes jambes, et également aveugle tu renaîtras pour mieux voir en toi et ne plus te laisser troubler par le faste artificiel de la condition humaine !

— Hein ? Non ! Je ne sais pas si… je ne suis pas sûr que... »

Mais trop tard ! Mon cerveau subitement libéré du poids de son conditionnement, je sentis que mon âme de nouveau vierge était prête à être livrée, une fois encore au miracle de la résurrection. C'est-à-dire au miracle de la transmigration incessante des âmes vers les corps, et que pour tout souvenir il ne me resterait rien.

Rien, car l'esprit immortel effacerait toute trace de mes "moi" précédents.

Pourquoi ? Parce qu'un des grands secrets du sens de la vie consistait à reconstruire les ponts qui menaient à nos existences oubliées ... *mais je m'égare dans mon récit...*

C'est alors qu'eut lieu le processus final. Le moment de réintégrer de nouveau une chaude et douillette matrice maternelle. Seulement à l'instant où ma mémoire allait être effacée afin de me libérer définitivement de mon ancien "moi" pour laisser place à un cerveau totalement vierge, une ultime pensée jaillit : « Une existence toute nouvelle, mais pas dans une vie nouvelle... Qu'avait donc bien pu vouloir dire la voix de la conscience ? »

Cette pensée éveilla un souvenir qui me semblait déjà appartenir au passé. Le souvenir terrible d'un oubli : L'oubli de mon ancien corps toujours vivant et qui bien sûr n'avait pu terminer son cycle de vie !

Alors celui-ci m'apparut en une vision terrible...

Du moins ce qu'il en restait !

Car ce que je vis fut un corps tout recroquevillé au fin fond d'un hôpital. La majeure partie des fonctions motrices en ce corps avaient depuis longtemps cessé. Pourtant le sort s'acharnait à le maintenir en vie, sous la forme d'un respirateur artificiel.

Au fin fond de ce cerveau, pourtant demeurait une infime impulsion de conscience ... L'instinct le plus puissant sans doute dans le monde du vivant, " l'instinct de conservation " persistait à ne pas permettre à la vie d'abandonner ce corps moribond !

L'angoisse profonde de la mort se traduisait par un refus désespéré de mourir. Préférant à la mort libératrice, la pauvre vie d'handicapé-moteur !

Deux médecins penchés au-dessus de mon corps discutaient tout en m'examinant.

L'un d'eux disait :

— C'est certain ! Dans un cas aussi désespéré ce serait infiniment mieux de le débrancher ! Mais bon, l'éthique médicale nous l'interdit ! Satanée éthique!

— C'est vrai, reconnut l'autre. De toute façon dans l'état où il est, même s'il sortait de son coma maintenant, il serait condamné à une totale paralysie. Irrémédiablement !

— Ouais. Paralytique et de plus aveugle ! renchérit l'autre.

Mais aussi quelle idée d'avoir voulu jouer aux apprentis sorciers avec la mort ! Les gens n'ont vraiment rien dans la tête ! »

L'index de ma main droite, se recroquevilla de façon infime.

Récit extrait des mémoires d'un infirme noyé par l'absolu.
Enregistré à l'hôpital de la miséricorde ultime de Berck.
Pavillon du traitement du L.I.S (Locked-in syndrome)

Certes pas très gai comme chute. Mais la vie est-elle vraiment un long fleuve tranquille ?

Si nous passions à présent au récit, bien plus zen, d'une osmose en la spirale de connaissance ? >> **Pages suivantes**

Ou vers d'autres voyages métapsychiques :

Tu ne fais pas trop confiance aux religions et ton éthique personnelle fait de toi plutôt un **athée ou un agnostique** ? A toi de trouver ta voie

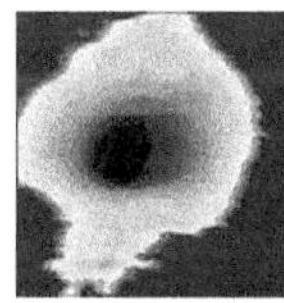 >> **Page 99**

La foi Chrétienne ça tout le monde pense connaître mais...

 << **Page 21**

La foi Musulmane ou le choc des cultures.

 << **Page 47**

La spirale de la connaissance

Puis une majestueuse spirale gigantesque, s'étiolant jusqu'à l'infini m'apparut.
Je compris alors que je me trouvais face à la conscience des consciences !

Je compris alors que je me trouvais face à la conscience des cons-ciences ! Chaque maillon de cette conscience était comme un grand livre ouvert, dont les pages se tournaient en évoluant le long de la majestueuse spirale, m'apportant mille vérités, mille ouvertures vers une conscience nouvelle remettant totalement en cause mes certi-tudes terrestres.

Certitudes comme la dualité de toutes choses à laquelle sans cesse je m'étais trouvé confronté, et qui jadis me tourmentait.

Dualité des êtres, oscillants sans cesse entre le Yin et le Yang. Dualité de leur âme les tirant d'un côté, et leur corps les poussant de l'autre. Dualité de l'ombre et de la lumière, de la vie et de la mort, de l'espace et du temps et puis bien sûr, la reine de toutes les dualités, LA source inépuisable de tant de causes de conflits et de massacres:

Celle qui a pour nom le Bien et le Mal.

J'appris alors l'incroyable vérité : ces deux forces antinomiques en réalité ne faisaient qu'une. Plus exactement elles faisaient corps commun, dans la mesure où qu'elles n'existaient pas séparément, mais étaient indissociables l'une de l'autre ! Parce que ces deux con-cepts sont liés, se succèdent mutuellement et que l'un n'existe que grâce ou à cause de l'autre.

Je " vis " que seul l'être humain, contrairement à l'animal, différenciait artificiellement le bien du mal par un subtil entrelacs de règles de vie, d'hygiène de l'esprit et de morale.

Je vis que seul l'homme n'avait de cesse de vouloir régenter et oppo-ser ces deux forces en instituant moult formes de récompenses et de punitions. Le tout bien évidemment sous l'égide d'implacables lois divines, qui n'avaient finalement réussi qu'à semer en son esprit que trouble et division.

Divisions d'ailleurs tout à fait prévisibles chez des hommes qui comme toujours avides de pouvoir et de gloire, avaient régulièrement réuni, au nom du Bien, toutes conditions opportunes à des conflits sans fin.

Brandissant bien haut et fort le symbole d'une divinité ou d'une autre et préférant l'art de la guerre à celui du dialogue et du respect d'autrui.

D'un respect de son prochain pourtant prôné par le message divin initial qui ne leur proposait rien d'autre que de s'unir en une parfaite Unité universelle !

UNITE ! Oui ! Le mot clé était bien là, sous mes yeux : Du coup le concept de la fameuse dualité bien contre mal sur laquelle nos sociétés et civilisations étaient bâties s'effritait et tombait en poussières.

Unité, car le bien contenait le mal, et le mal contenait le bien. Tout comme le Yin contient le Yang. En totale interdépendance, l'un ne pouvant exister sans l'autre

Unité puisqu'en réalité Tout était Un, et que ce UN, contenait le TOUT en une parfaite interdépendance de toutes choses. Chaque chose, chaque élément dépendant de toutes les autres pour exister.

Le Un contenant le Tout, faisant place à cette chère dualité du Bien et du Mal !

Ce concept pourtant si difficile à concevoir pour un esprit occidental moyen, adepte du dualisme, fondateur d'un monde cartésien rassurant mais divisant, m'était devenu d'une évidence si limpide ! ... Pourquoi personne n'y avait-il songé auparavant ? Personne vraiment ?

Ou n'est-ce pas plutôt que, dans notre monde matérialiste, pas grand monde n'était vraiment prêt à prendre le temps de se mettre en condition pour mieux voir et écouter ?

J'appris encore que la " vraie vie " était ici et maintenant. Qu'elle s'accomplissait par notre action sur le monde présent et non pas dans le rêve d'un hypothétique futur paradis où l'homme revivrait éternellement en une sorte de fantôme de lui-même.

Et j'appris surtout comment parvenir à me libérer de la chaine de mes Karmas. Cet apprentissage permanent dans lequel l'âme apprend à se parfaire à travers des incarnations successives et ainsi d'avoir encore à "subir" d'innombrables vies qui, pour quelques rares instants de bonheur, nous faisaient surtout endurer bien des souffrances, lorsqu'on y réfléchissait.

Souffrance, car esclaves d'un corps et de ses exigences matérielles, comme devoir travailler sans cesse afin d'avoir de quoi boire, manger, nous soigner, disposer d'un toit d'abord pour dormir, puis pour stocker et protéger toujours davantage de biens, toujours plus futiles finissant par s'entasser dans des greniers. Sans parler du joug de l'éternel désir de posséder ce qu'on n'a pas encore. Chaque désir satisfait laissant la place à un nouveau désir insatisfait. Et ce ad aeternam…

Esclaves d'un corps dont l'odieuse destinée consiste à alterner le si fugace état de jeunesse, avec la force, la fougue et la beauté qui lui est propre, pour retomber dans une longue et lente décrépitude, qui ne nous laisse au final qu'angoisses, maladies, faiblesses, dépendances et frustrations !

Souffrance ! Oui ! Car prisonniers de l'insatisfaction de nos désirs inaccomplis et de la soif de l'existence, nous sommes si attachés à ce monde que cette "énergie" nous conduit de renaissance en renaissance. Nous condamnant à revivre indéfiniment des situations dans lesquelles nous passons sans cesse de réalités, aux joies si éphémères, à d'autres réalités où haines et malheurs nous font subir des destinées bien pires encore que ne saurait l'être l'anéantissement par la mort.

Souffrance encore dans nos vies aux destinées incertaines, n'offrant finalement aucune certitude si ce n'est celle d'une fin plus ou moins prochaine, et avec cette certitude, la persistance d'une angoisse ancestrale quasiment insurmontable : Celle de la peur de la mort !

Car, c'est ainsi. Nul sur cette terre n'avait ni n'aurait probablement jamais, de son vivant, la possibilité de détenir l'ultime Vérité sur ce qui l'attendait … au-delà… Et ceux qui le prétendaient étaient soit des rêveurs, soit de faux prophètes. Le plus souvent des affabulateurs avides de pouvoir, d'argent et de célébrité.

Pourquoi ? Tout simplement parce que « la vérité » se situe au-delà de la capacité de compréhension d'un être humain restreint par les limites de son intellect, en son statut provisoire d'homme.

Ces nouvelles révélations firent alors naître en moi une question:

Comment échapper à cette perpétuelle destinée de cycles infinis de renaissance ? Comment trouver un moyen d'échapper à l'impitoyable chaîne des Karmas ?

Et instantanément comme venue de nulle part et de partout à la fois, la réponse à ma question jaillit avec cette vérité, rayonnante de simplicité et de limpidité :

Il "suffisait" que j'abandonne mon insupportable " Moi ", cette simple conscience provisoire attachée à mon esprit et mon corps dès la naissance et que la mort inévitablement dissocierait un jour. Oui, il me fallait abandonner ce Moi pour passer enfin du stade de " Un "… à celui du grand " Tout " universel ! Pour ainsi appartenir et devenir une parcelle de la spirale elle-même.

Pour ainsi atteindre enfin ce que les Hindous nomment Alaya, le Nirvana ! La conscience contenant toutes les consciences, l'Energie contenant toutes les énergies et paradoxalement la matière et le vide intégral !

Le Vide de la totale liberté perdue et reconquise par l'omniscience. La connaissance de toutes choses !

" Maintenant, je sais !" Et un étrange processus, en moi se fit jour, chassant la nuit de mon ignorance.

" Je sais réellement à quel point nous baignons en une éternelle illusion, abreuvés par la source de nous-mêmes ! Mais qui en ce monde est capable de prendre conscience de cette vérité ? L'homme est si imbu de lui-même, qu'il préfère de loin demeurer à jamais aveugle de son obstination.

Or, cela serait pourtant si simple, s'il consentait à ouvrir les yeux, et échapper ainsi à la grande roue des crimes dont est jonchée l'histoire ! Si seulement il consentait à remettre en question son insupportable "Moi" afin de s'éveiller.

Mais il est vrai que pour parvenir à l'éveil, chacun doit d'abord suivre son propre Karma, sa propre destinée. Selon les règles d'une loi de causalité très simple, que tout le monde persiste à ignorer sur cette terre. Celle qui nous enseigne que le fait suit la cause et que la cause suit l'effet[1] .

Plus prosaïquement, prenons un exemple terrestre : Un jeune homme agressé dans un bar par un autre épris de boisson (c'est la cause), lui rend ses coups (c'est le fait), ce qui a pour « effet » de faire boule de

____

[1] Appelé également effet papillon ou effet domino

neige et de dégénérer en pugilat général. Le lendemain, son frère tient à régler son compte au fauteur de trouble, « cause » de tout ceci. Ce « fait » engendrera à son tour « l'effet » que le reste de la famille viendra le venger, ce qui aura pour « cause »… un nombre de batailles rangées, n'en doutons point. Et c'est pour ce genre de raison que les rivalités de bandes ou de clans durent depuis tant de temps que tout le monde en a oublié la cause initiale !

Or pour en revenir à notre karma, c'est bel et bien la même chose qui se produit, en une sorte de boucle inaltérable du temps, s'étirant ainsi jusqu'aux lisières de l'infini !

Car là, face à face avec mon "non-moi", je me rappelai… Je me rappelai comment j'étais passé de la pierre à la créature marine, du poisson à l'oiseau, de l'oiseau à une autre créature ayant pour nom hominien. Puis d'hominien, je devins homme puis femme, puis…

Mais mes souvenirs furent interrompus par une autre question : Mes plus récentes réincarnations me conduisaient au statut d'être humain. L'espèce humaine était-elle dans ce cas le maillon final ? Le stade ultime de la création ?

La réponse face à moi était là, claire, précise : Absolument pas !

Même si cette branche de mammifères terrestres avait l'outrecuidance de s'autoproclamer « conscience supérieure » sous prétexte d'être capable de se poser des questions comme : Qui suis-je ? Quelle est l'origine du monde qui m'entoure ? Ou encore : Que vais-je devenir après cette vie ?

A cette dernière question son esprit supérieur avait opté depuis la nuit des temps pour cette réponse qui avait l'avantage de faire taire sa peur de l'inconnu: Puisqu'il semble que poursuivre à jamais sur terre ma précieuse vie n'a pas l'air vraiment d'actualité dans l'immédiat, inventons-nous un Dieu créateur, de préférence à notre image afin de nous rassurer, qui pourra si l'on est bien sages nous accompagner vers un joli paradis-jardin pour y finir nos jours.

Pour une espèce supérieure, il n'y avait franchement pas là de quoi pavoiser ! De plus je découvris également que bien d'autres espèces animales terrestres dites « inférieures » n'avaient rien à envier à l'homme.

Car ces espèces, ayant accès à d'autres échelles de perception, accumulaient d'autres connaissances. Or ces connaissances engendraient d'autres degrés de conscience.

En examinant un tant soi peu la nature qui l'entoure, l'homme aurait pourtant dû depuis longtemps se rendre à l'évidence qu'il n'est pas la seule race révélant des signes d'intelligence ou d'une forme de conscience même différente sur cette planète.

Comme par exemple, le saumon remontant du fin fond des océans jusqu'à son lieu de naissance précis pour frayer, et ce sans le moindre outil ;

-les fourmis dotées d'une conscience collective à l' instar des cellules qui nous constituent, la fourmi-reine sachant en permanence de façon innée l'état de ses troupes et pondant en fonction, et à volonté, ouvrières, soldates ou couveuses ;

-les dauphins pouvant communiquer entre eux par un langage ultrasonique, race marine ayant décidé d'un commun accord de laisser la terre à l'envahissant colonisateur humain pour retourner à sa source : l'océan.

Ou encore, mais ceci n'aurait lieu que dans le futur, comme cette étrange espèce marine microscopique, vivant sous forme d'agglomérat concentré capable de quasiment se métamorphoser en n'importe quel animal ou végétal afin de chasser ou de se camoufler. Ce qui dans le futur donnerait naissance à des générations spontanés d'espèces apparaissant et s'évanouissant tout aussi rapidement. Et c'est ainsi qu'une légende tenace de fantômes des océans perdurerait pendant des siècles, lorsque ces créatures inspirées par la rencontre de noyés se mettraient à imiter l'apparence humaine…

Une quantité infinie de preuves plus surprenantes les unes que les autres de formes de consciences méconnues passées et à venir se dévoilaient à mes yeux enfin ouverts.

Et si ces espèces ne pouvaient pour le moment rivaliser avec l'homme maître de la planète, c'est parce que les règles de l'évolution en avaient fait, pour le moment, l'animal le plus apte à la coloniser.

Ou tout simplement parce que les autres espèces n'en avaient cure. Car travailler toute une vie durant, afin de bâtir des empires industriels qui s'écrouleront un jour ou l'autre tels des châteaux de cartes, ne leur inspiraient aucune envie…

Certes la race humaine n'avait pas que des tares. Sa capacité à se mettre en osmose avec un cosmos, source infinie de créativité, d'où il tirait sans en avoir vraiment conscience l'essentiel de son art et de sa science, en faisait une espèce remarquable !

Malheureusement il gérait quasi perpétuellement cet acquis à seule fin de servir l'intérêt de la seule humanité –du moins de quelques représentants privilégiés - oubliant bien trop souvent le fragile écosystème de sa planète nourricière, ce qui en faisait un ennemi potentiel qu'il faudrait envisager de faire disparai...

Mais le fil de mes réflexions fut brutalement coupé à ce stade de mes réflexions, car la spirale venait d'émettre une sorte de long gémissement, tandis que les quelques maillons que j'étais en train de parcourir comme autant de livres ouverts, se mirent à se tordre sur eux-mêmes !

Une angoisse profonde se saisit de moi. La spirale devenait floue, dans un instant elle allait s'évanouir dans le néant !

Le grand livre de la connaissance universelle allait se refermer à jamais, et me laisser de nouveau seul dans mon ignorance !

Pourquoi une telle injustice ! Au moment précis où j'allais enfin atteindre la connaissance ultime, parcourir les plus grands secrets de l'univers. Pourquoi, pourquoi ?

Il me fallait trouver une réponse, vite avant que je ne me retrouve de nouveau dans la peau d'un malheureux être subitement appauvri de ce trésor de connaissances suprêmes.

Contre toute attente, cette réflexion me mit sur la voie... du Bouddha, si j'ose dire. Car je me rendis compte que quelques instants auparavant, je venais de réveiller l'insupportable « Moi » moralisateur et extrémiste.

A propager de bien mauvaises ondes en en cet univers de conscience collective où tout exhalait sérénité et compassion.

Compassion !

C'était bien là le maître mot ! N'était-ce pas ce mot qui résumait l'enseignement de Bouddha ?

Bouddha signifiant l'homme éveillé , l'homme qui avait tout simplement compris qu'oublier notre esprit possessif et égocentrique en se tournant sans arrière-pensées, par pur altruisme vers son prochain, c'était laisser pénétrer en soi l'infini cosmos, et se fondre en lui pour ne faire plus qu'Un !

Car ce que le Bouddha avait découvert c'est que chaque être, quel qu'il soit, était à son échelle un infime grain de sable, une infime parcelle composant l'univers, mais ces innombrables grains de sable en s'unissant, ou par effet "boule de neige", n'en étaient pas moins capables de le modifier. Pour s'en convaincre, il suffisait d'observer la nature.

Les milliards de milliards de grains de sables ne constituaient-ils pas des dunes, des déserts et ne jonchaient-ils pas l'infini des Océans ?

La planète terre ne recyclait-elle pas depuis toujours ces amas de poussières sable pour en faire jaillir par ses volcans de nouvelles îles et futurs continents ? Absurde aussi de penser qu'une simple goutte d'eau isolée porte en elle la mémoire de l'océan dont elle est issue ?

C'est pourtant bien le cas.

Au moment même où j'émettais ces pensées, la sérénité revint et de nouveaux flots de souvenirs me submergèrent ...

Mes vies humaines se remirent à défiler.

Au-dessus de chacune flottait une aura colorée indiquant quel profit karmique j'en avais acquis ou au contraire à quel point j'avais régressé. Et les couleurs variaient en fonction de mes vies de reclus monastique, d'assassin schizophrène ou de Casanova jouisseur.

Ma vie précédente surtout ne manqua pas de m'intéresser. Car en cette vie, j'étais carrément très pauvre, infirme des membres inférieurs et de surcroît aveugle ! Bref dans un état apte à provoquer des envies de suicide permanentes, mais au lieu de ça, cette cause avait suscité en moi un état de sagesse communicatif. Ce qui généra le fait d'entrouvrir mon œil intérieur et engendra pour effet de permettre à ma réincarnation présente d'accéder jusqu'ici.

Ici, au cœur même de la spirale sans fin du savoir et de la connaissance pour peut-être, enfin, en retrouvant la mère nature de mon esprit, briser les chaînes de mes réincarnations successives ! Rêve merveilleux mais je sus à l'instant même où j'émis cette pensée que le moment n'était pas encore venu.

Car il me restait encore quelque chose d'essentiel à accomplir...

Et je sus qu'il me faudrait retourner à la vie une nouvelle fois encore.

Car il me fallait... oui, bien sûr il me fallait partager cette connaissance, tenter de montrer du doigt à mon prochain le chemin de la Vérité... libre à chacun de l'emprunter ou non.

Je sus qu'il me faudrait divulguer de nouveau au monde quelque ultime secret de Vérité perdue. En évitant surtout de jouer les nouveaux messies, et de tomber dans le piège de l'odieux tapage médiatique du culte et de la dévotion.

Divulguer de nouveau la vérité sur la trinité de l'âme (la conscience), du corps (la vie) et de l'esprit immortel (le Tout), que les Chrétiens avaient préféré remplacer par le Père, le Fils et le Saint-Esprit !

Divulguer de nouveau combien était futile l'acte d'accumuler inutilement toujours davantage de biens matériels. Biens qui ne contribuaient qu'à susciter toujours plus de désirs.

Divulguer de nouveau combien était futile l'acte de chercher subitement vers le crépuscule de sa vie à vouloir sauver son âme, afin de gagner sa place en un hypothétique paradis. Devenant subitement un épouvantable moraliste aigri et donneur de leçons. Alors même qu'il fallait tout au contraire se faire humble et savoir s'isoler de la course effrénée du pouvoir et de l'argent du monde des hommes. Afin d'apprendre, en rejetant tout ce qui est futile, à entrouvrir notre œil intérieur et à y puiser la richesse insoupçonnée qui s'y trouve !

Divulguer de nouveau qu'une fois notre œil enfin ouvert, plus rien ne nous empêcherait de découvrir le chemin qui conduit à ne plus faire qu'Un. Notre corps et notre âme tournés vers l'Esprit d'Unité régissant l'Uni–vers... vers l'immortalité... et s'unir à lui... pour s'y fondre en Tout !

Cette Osmose accomplie l'éternelle question "Qui-suis-je ?" perdrait tout son sens. Notre peur ancestrale de la mort enfin disparaîtrait. Et avec elle les innombrables charlatans faiseur de sectes et vendeurs d'immortalité !

Parvenu à ce stade de spiritualité, à chaque question que j'exprimais se matérialisait une réponse. Non par des mots, mais par différentes vibrations provenant de sortes de bulles éthérées, qui se fondant les unes dans les autres, émettaient des réponses.

En utilisant le langage des mots, cela donnait à peu près ceci :

Question: " Qui suis-je ? "

Réponse : ¤ Tout ... et Rien !¤

Question: " Où suis-je ? "

Réponse : ¤ Nulle part et partout !¤

Question: " Comment puis-je être partout au même instant ? "

Réponse : ¤ Parce que toute la masse de l'univers se trouve concentrée en un point infime appelé néant. C'est en ce Vide absolu que tous nous demeurons ! ¤

Je ne puis ici exprimer le choc que me causa cette révélation insensée !

Ultime paradoxe d'un univers rebondissant d'illusion en illusoire !

Pourtant en y réfléchissant, cette clé ouvrait la porte de bien des mystères scientifiques comme la constitution des trous noirs, celle de l'antimatière ou encore sur le mystère de la masse de matière manquante de l'univers.

Masse manquante par rapport à son poids théorique que nos scientifiques penchés sur leurs télescopes ou révisant leurs calculs tentaient en vain de découvrir. Et pour cause... S'ils pouvaient savoir, que malgré toute une vie d'efforts ils ne pourraient jamais qu'échafauder hypothèses sur hypothèses inutiles. Car dissertant sur une réalité bâtie sur ... du Vide !

Question: " Pourquoi ce Vide ? "

Réponse : ¤ Car tout est lié et que rien ne possède d'existence séparée. C'est pourquoi le Vide couplé à l'énergie est forme. Et que la forme ne saurait exister sans le Vide ! ¤

C'est vrai ! Exact à mille pour cent ! D'ailleurs la distance qui sépare deux atomes et ses particules élémentaires, la structure de base à l'échelle microcosmique, cette distance au cœur même de la matière, n'est-elle pas constituée que ... de vide

Le vide n'est-il pas également ce qui constitue la masse la plus colossale de l'univers, que seule l'expansion des galaxies délimite de frontières artificielles en un vide ... infini. Et avant la naissance du big bang, n'y avait-il pas dès lors que la matière n'existait pas encore, qu'un espace ...vide !

Paradoxe des paradoxes, la réponse que nous cherchions dans l'Univers visible ne trouvait sa place que dans l'invisible... dans le grand Tout c'est à dire ... dans le Vide absolu !

Alors la question suivante fut, bien évidemment :

" Qu'est ce que l'univers ? "

Réponse : ¤ L'univers est une illusion que l'homme perçoit comme quelque chose de multiple, séparé et temporel, alors qu'il est UN et Intemporel ¤

Question: Dans ce cas… Qui est Un et pourquoi est-il ?

Et la vision-réponse encore une fois fut là, fulgurante, prodigieuse, incroyable, impensable, inconcevable pour un cerveau humain. A tel point que cette fois, mon cerveau s'engouffrant dans un tourbillon de folie pure, je n'eus d'autre choix que de refuser d'y croire !

Alors la vision, et avec elle la "réponse à toutes les réponses" s'effaça de ma mémoire...

...et puis ce fut le tour de la spirale de s'estomper dans une nuit sidérale, tandis que dans un grand fracas, la porte se refermait ?.!.?.!.?.!.?

Du fond de ma conscience redevenue solitaire, j'entrevis le visage du Professeur penché sur moi. Un instant au-dessus de lui, il me sembla voir flotter des auras aux couleurs bienveillantes.

— Comment était-ce ? demanda-t-il simplement.

Et je sus qu'il connaissait déjà la réponse à cette question.

— Céleste... fis-je. Tout simplement céleste ! J'ai appris tellement de choses, qui échappent à l'entendement humain, que je ne saurais narrer avec des mots des océans de pure information. Mais il y a néanmoins quelque chose que je tiens à vous dire :

Vous aviez raison, la mort n'existe pas ! Pas plus d'ailleurs que la vie… quelque part ! La vie, la mort, ce ne sont là que des considérations purement subjectives que seul l'humain et son ego démesuré se refusent à dédramatiser afin de s'intégrer au monde réel ! Celui du formidable, colossal et infini cosmos dont nous sommes issus, et dans lequel nous nous ressourçons sans cesse ! Car, si je ne puis garder, ne serait-ce qu'une unique certitude, c'est que nous ne sommes finalement qu'une goutte d'eau dans le long fleuve de l'éternité !

Une goutte incapable de prendre conscience de la réalité de ce fleuve invisible à nos cœurs ! De ce fleuve d'amour qui depuis toujours nous fait voguer vers une destination fascinante :

L'immortalité cosmique

Lecteur, souhaites-tu en attendant :

Si ce n'est déjà fait trouver la délivrance sur le chemin de l'éveil

<< **Page 91**

Ou poursuivre ta quête vers d'autres univers :

Tu ne fais pas trop confiance aux religions et ton éthique personnelle fait de toi plutôt un **athée ou un agnostique** ? A toi de trouver ta voie

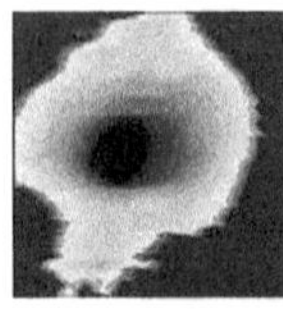 **>> Pages suivantes**

La foi Chrétienne ça tout le monde pense connaître mais...

 << **Page 21**

La foi Musulmane ou le choc des cultures.

 << **Page 47**

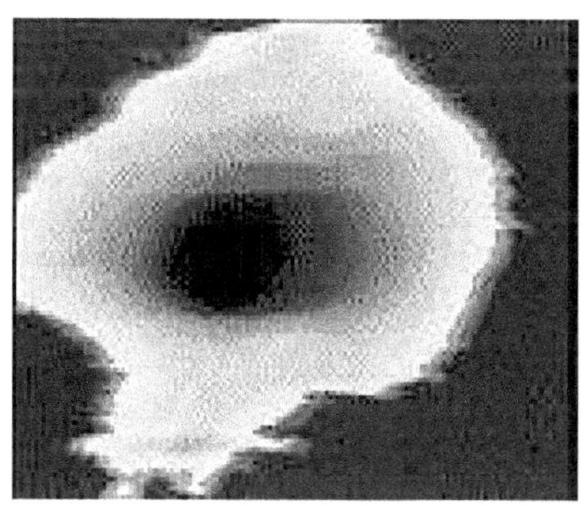

Athée ou Agnostique ?

« Au fait ! Est-ce que tu as des convictions religieuses ? Car cela a de fortes chances d'influencer le cours de ton voyage »

Cette question, que je jugeai fort déplacée sur le moment eut pour effet malencontreux de totalement m'abstraire des bras de Morphée.

En clair j'étais à présent de nouveau totalement conscient avec un fort mal de crâne, dû au bourdonnement du casque qui me secouait furieusement au niveau des tempes. Je levais la main pour lui faire signe d'interrompre l'expérience, mais le professeur avait devancé mon souhait. Il s'approcha de moi d'un air quelque peu confus.

« Excuse-moi d'avoir dû interrompre le voyage juste avant le grand saut, mais cette question est somme toute primordiale. Je suis désolé d'avoir négligé de t'entretenir sur ce sujet plus tôt. En fait j'hésitais à l'aborder.

Car d'après ma théorie le monde de l'au-delà que tu vas visiter sera en partie fonction de ce en quoi tu crois. C'est un peu complexe à expliquer pour celui qui n'est pas initié, mais le monde est à l'intérieur de notre esprit, lequel est lui même à l'intérieur du monde. Ainsi en temps que parcelle du divin, nous avons le pouvoir de créer ce que nous souhaitons y trouver. Ainsi le Chrétien par exemple aura sa propre vision du paradis et y trouvera probablement Jésus et tous les personnages qu'il souhaite retrouver ou rencontrer en s'inspirant de ses souvenirs oniriques.

De même le châtiment de l'enfer sera fonction de ce que la culture ou les sombres fantasmes de chacun créera.

Quant au choix du paradis ou de l'enfer c'est le même principe, la fameuse balance des âmes se fera selon le degré de pureté ou de culpabilité ressenti par chacun. Autrement dit, le paradis, pas plus que l'enfer n'existent en tant que réalité commune mais sont issus d'une vision indépendante ne dépendant que de toi-même.

Les savants pensent qu'il n'y a aucune suite à la vie, car sans aucun support biochimique, la conscience ne peut demeurer. Que le voyage fait durant une NDE ne serait en fait que la dernière fusée d'une Conscience vacillante retournant au néant[1].

Ils n'ont pas totalement tort car ce que j'ai découvert par ma propre expérience c'est que le monde que j'y crée a sa propre réalité qui échappe au temps. Tout comme un long rêve qui semble durer le temps d'une vie, mais qui en fait n'a duré que quelques fractions de secondes, l'après vie pourra sembler à chacun durer des millénaires. Et cette relativité du temps écoulé n'altèrera en rien le sentiment de félicité ou de pénibilité du voyage au royaume des morts qui va s'ensuivre.

Cependant ceci ne concerne que les NDE, c'est à dire les voyages aux frontières de la mort, qui ne s'apparentent pas à la mort elle-même. Ainsi les prophètes ou les chamans qui décrivent le paradis et l'enfer, en un rapport plus expressif d'ailleurs que vraiment détaillé, ne font que relater leur propre expérience, suite à un voyage initiatique. Probablement dans un état extrêmement proche des lisières de l'au-delà.

Quant à la mort elle-même, pour moi c'est le retour de la conscience vers notre identité profonde, car le corps et notre personnalité ne sont que des éléments éphémères de cette vie. Cette identité se trouve au sein de la conscience originelle faite d'amour et de connaissance.

Mais cela c'est ce que me dicte ma sensibilité Bouddhiste, ajouta-t-'il avec un sourire. Car la vérité, on ne la connaitra probablement vraiment qu'au moment venu. C'est le grand mystère de la vie[1] !

Si je tenais finalement à te faire part de tout ceci, c'est afin de te laisser méditer un peu sur ce sujet afin qu'il ne t'arrive rien de fâcheux dans le voyage que tu vas entreprendre. »

Etant trop faible pour lui répondre, je fermais les yeux afin de me concentrer sur mes convictions.

Qu'elles étaient mes convictions religieuses ? Vaste question ! En avais-je seulement ? Difficile d'y répondre surtout dans le brouillard comateux où sa potion m'avait plongé.

Jusqu'à présent je me définissais plutôt comme un athée. C'est à dire quelqu'un ayant choisi de vivre en considérant que nous devons trouver seuls, c'est à dire sans dogme religieux, les réponses à nos questions sur le divin. Et en considérant que nous sommes responsables de nos actes, non pas devant un être transcendant, mais devant nous-mêmes et face à notre conscience. Le fait de ne pas croire en l'existence d'un dieu n'étant d'ailleurs pas incompatible avec le fait de se comporter de façon éthique. De manière éthique plutôt que morale par ailleurs car la morale repose sur les lois d'un dogme préalablement écrit[2].

Mais ceci dit, l'agnosticisme me tentait bien également. Cette philosophie fondée sur le doute tant qu'il n'existe pas de vérité scientifique établie. Ce qui met tout particulièrement en cause la légitimité des religions. Car comme chacun sait, les religions monothéistes affirment que ce monde fut créé par Dieu, et qu'il le fit avec un dessein qui sera accompli dans un futur lointain.

Elles affirment en outre que l'homme a une âme immortelle, et prophétisent qu'elle survivra à sa mort physique et vivra éternellement. Théorie à laquelle le scientifique répond que de telles prédictions sont invérifiables et que bien peu de références à des évènements passés authentifiés les étayent. Lorsqu'il essaie de découvrir les fondements de ces prédictions, il trouve d'avantage d'émotion que de raison. Alors que les personnes religieuses croient qu'elles s'avéreront vraies[3]... Outre-tombe !

---

[1] Phrases inspirées de « la mort transfigurée » ouvrage collectif sur les NDE de l'association IANDS France

[2] et [3] Informations recueillies sur le site www.morzhelleg.com

En résumé en choisissant l'athéisme je me retrouverais dans une quête de la vérité totalement indépendante de tout dogme ; en choisissant l'agnosticisme, j'opterais pour le dogme des sceptiques avides de preuves scientifiques.

Alors Athée ou Agnostique ?

Choisis la voie qui te confortera :

Dans L'**Athéisme** c'est à dire , je suis plutôt du style sans foi ni loi, sauf dans certaines circonstances...

>> **Pages suivantes**

Dans l'**Agnosticisme** c'est à dire , je ne crois en rien sans preuves ! Ici, science et absolu ne feront plus qu'un...

>> **Page 121**

Athée je fus

« Finalement, mon esprit indépendant et rebelle n'aimant guère les dogmes, je pense que je suis plutôt Athée, j'ai conclu ». Or à peine eus-je émis cette pensée, que je me suis sentis comme aspiré vers le haut par une force incommensurable. Seulement... au lieu de m'élever dans un tunnel sans fin, vers un puits de lumière magique, comme dans toute bonne "Near-Death-Expérience", mon ascension s'acheva subitement pour brutalement me projeter en des précipices ... infernaux, et le mot allait s'avérer faible !

Transporté et ballotté en tous sens sur des chemins sinueux de signes et de symboles quasi-mystiques que je n'avais encore jamais vus de mon vivant. Une angoisse tout aussi sinueuse que visqueuse s'empara de moi, amplifiée encore par la sensation de présences invisibles, tout autour de moi. En fait j'avais l'impression de baigner au milieu de myriades d'entités, et d'entités qui ne me voulaient pas du bien.

"Quand diable allaient-elles m'attaquer ?" Il m'était impossible de focaliser mon esprit sur quoi que ce soit d'autre !

"Bah, foutaises que tout cela, je me suis dit pour me rassurer, le bien, le mal et ses manifestations diaboliques, ça n'a jamais existé sauf dans les divagations œcuméniques ! Non ces soi-disant "présences" ne peuvent être que pures hallucinations créées par mon cerveau en train de délirer, car si diablotins il y avait, je sentirais de toute évidence la morsure de leurs fourches! "

Puis quelque chose me dit que si ces créatures peu sympathiques ne m'avaient pas encore attaqué, voire même dévoré, c'était probablement à cause de mon absence de corps. C'est-à-dire de matière physiquement concrète, puisque apparemment j'étais ici dans un monde de pur esprit ... du mal ?

"... Le monde de l'esprit du mal ! N'importe quoi ! Par contre un monde empli d'esprits, c'est à la limite plausib... Hé, une minute ! Dans ce cas l'une de ces créatures-esprits ne risquait-elle pas de se servir du pont artificiel que j'avais moi-même édifié vers notre monde afin de s'emparer de mon corps ? Bien que par nature je refusais fortement de croire en l'invisible, pas plus d'ailleurs qu'en aucune religion, ce doute abominable ne cessait de me tourmenter. Et, au fil de ma chute, la présence de plus en plus insistante de ces entités malignes ? devint une quasi-certitude.

Mes pensées s'enchaînèrent alors de façon chaotique :

Il me fallait réagir ! ... Oui mais comment ? Impossible de faire marche arrière ! Qui sait même s'il m'était matériellement possible de remonter de ces abysses de ténèbres vers lesquelles je m'engluais ... peut-être à tout jamais ? Impossible non plus d'avertir le professeur d'une quelconque façon du danger que j'encourais ... bref

J'ÉTAIS BAISÉ !

« Allons, allons ! Pas de grossièretés mon ami. Calmons-nous plutôt, ce sera bien mieux afin qu'ensemble nous puissions analyser tranquillement la situa ... »

Je n'écoutais pas la suite sous le choc d'une violente émotion car cette voix, brisant le silence opaque qui m'entourait, venait en fait de s'exprimer à l'intérieur de moi, sans que je le décide et sans avoir le moindre contrôle qui m'eut permis de la faire taire !

Mes craintes s'avéraient donc fondées ...

en plus J' ÉTAIS POSSÉDÈ !

Et peut-être même par plusieurs entités ! La preuve ! Elle s'exprimait en disant NOUS ! ...

« Du calme ! " reprit la voix, "Nous ne sommes que tous les deux ! ... et ce depuis toujours ! Mais tu n'as jamais pris le temps de te mettre à l'écoute de toi-même ! ... Avec tes MOI ! et tes JE ! N'as-tu donc pas deux mains, deux jambes, deux yeux, deux cerveaux ? Alors qu'est-ce qui te permet de toujours t'exprimer seul au nom de Nous-deux ? »

"Ça y est, cette fois c'est clair ! J'hallucine en plein !" je me suis dit.

— Pas du tout ! N'as-tu jamais entendu parler de la voix de ta conscience ? Non ? Normal ! Tu n'en as jamais eu !
Tu as toujours été si sûr de toi, que tu as perpétuellement refusé de
croire en autre chose qu'en toi-même. Alors maintenant continue et
débrouille-toi !
— C'est ça, barre-toi, hallucination débile ! C'est vraiment pas le moment de venir me les casser !!!

Seulement voilà, « l'hallucination » avait raison quelque part, car ré-
duit à l'impuissance, ma belle confiance en moi ne me servait à rien.
D'autant que je pouvais presque entendre à présent les créatures invisibles rampant vers moi !
Si j'avais su, j'aurais mieux apprécié ces trop courts moments intenses
précédant toujours un drame. Ces instants chargés déjà de regrets, où
l'on sait que quelque chose de terrible va arriver, mais où l'on se dit,
comme dans ce film où un mec tombe du septième étage " je suis en
pleine chute libre. Je vais m'écraser, mais pour le moment tout va
bien … "
Seulement voilà comme il y a toujours une fin, finalement cela arriva !!!
Lorsque dans les ténèbres profondes dans lesquelles je mijotais, JE
SENTIS SOUDAIN D'ATROCES VENTOUSES VISQUEUSES
S'AGRIPPER À MOI !
Comment décrire le sentiment de nausée qui m'envahit alors au plus
profond de mon être… doublé d'une peur panique totalement indescriptible!
D'autant que la peur, c'est bien connu, se nourrit de l'inconnu. Alors
imaginez un peu ce que l'on peut ressentir lorsqu'on passe de l'état de
prédateur naturel à celui de proie... Car j'étais bel et bien la proie de
substrats de substance inconnue et de plus totalement invisibles !
Pire, à présent je les sentais accourir de partout ! Ces créatures rampantes se collaient à moi, m'engluant de leurs auras nauséabondes,
me piétinant de milliers de saloperies de ventouses gluantes au contact on ne peut plus répugnant ! Mais cette peur panique n'était rien à
coté de celle que j'éprouvai lorsque je compris finalement leurs inten-
tions : Leur but était effectivement bien de me dévorer... MAIS DE
L'INTERIEUR !

Ouais de ça j'en étais plus que certain ! Ces abominations rampantes cherchaient un moyen de me pénétrer afin de me bouffer les organes et le cerveau !

D'abord aveuglé par la rage et l'impuissance, j'ai commencé par me débattre en beuglant comme une bête qu'on conduit à l'abattoir.

Mais peine perdue ! Comment se battre contre une multitude d'entités invisibles et sur lesquelles je n'avais aucune prise ? Je ressentais bien leurs morsures mais mes poings virtuels s'enfonçaient à travers ces choses comme en un vent nauséabond.

Alors, complètement abattu, je dus me résoudre à l'évidence. Seul, éperdument seul en ce monde hostile et inconnu, il m'était totalement impossible de me battre !

Crevant de peur et de solitude, je me mis alors à appeler à l'aide de toutes mes forces ma conne de conscience, mais celle-ci ruminant certainement sa rancœur à mon égard avait résolu de rester muette. Et là-dessus je ne pouvais pas vraiment lui en vouloir, car étant susceptible, je n'avais jamais supporté la moindre insulte sans me mettre en rage et cogner —sauf exception avec les trop balaises- . Et donc c'est sûrement ce que j'aurais fait à sa place ! M'abandonner seul dans la nuit de tous les cauchemars.

Mais mes cris désespérés ne servaient à rien ! Des appels à l'aide, j'en ai hurlé pendant des heures et des nuits aux ténèbres qui m'entouraient. J'en ai poussé aussi des cris de rage arrachés par une douleur insoutenable… jusqu'à en perdre la voix. D'autant que l'un de ces vers démoniaques était parvenu à s'introduire en moi par le conduit de l'oreille et s'était mis à grignoter la plaie tranquillement afin d'élargir la brèche.

« Par pitié ! Aide-moi Putain ! » Je me suis mis à paniquer. « Dismoi comment je peux arrêter ça ! »

Mais dans la nuit noire de ma souffrance, rien ni personne ne vint au secours de l'être misérable que j'étais !

Et cela dura ainsi pendant… pendant que je prenais conscience de tout l'horrible sens du mot éternité.

Jusqu'au jour béni où je ne sais trop si j'entendis, où en proie au délire, crus entendre …

« Par ce signe tu vaincras ! »

— Hein ? Quoi ? Ah tu es quand même revenue... De quel signe tu me parles ? Dis m'en plus salope ! ... Heuu... Non, non Pardon... Parle-moi encore s'il te plait !

Mais la voix en moi, de nouveau s'était tue.

J'eus beau l'implorer, l'insulter, rien de plus ne me parvint.

Alors, malgré la douleur qui m'arrachait tantôt des larmes, tantôt des hurlements, je me mis fébrilement à tenter de décrypter l'énigme.

"Par ce signe tu vaincras... Qu'est ce que c'est que cette connerie d'énigme ! Une énigme ! C'était bien le moment ! Peut-être même qu'il n'y avait aucune réponse. Que cette pute de conscience s'éclatait aussi sur moi pour imiter les asticots ! Ou par pur sadisme !

Un signe ! Oui, mais de quoi ? ... un signe de piste, un signe de la main, un signe particulier, un signe d'infection ! Très drôle ça, un signe d'infection ! Le moment se prête tout à fait pour faire de l'humour noir ! Où en étais-je ? ... Un signe du zodiaque, un signe de croix ! ....

Un signe de croix ! Pourquoi pas ! ...Ça ne me coûte rien d'essayer de ce côté-là "

Mais j'eus beau me signer à la manière des chrétiens, rien, absolument rien ne changea, si ce n'est ma douleur qui sans cesse se faisait plus insupportable.

J'essayai quand même de tester mentalement toutes les combinaisons. Tous les symboles des trop multiples religions sévissant sur cette terre au cas où... Comme la croix Chrétienne Orthodoxe, l'étoile et le croissant Islamique, l'étoile de David, et même ... à bout d'inspiration, la croix de Lorraine.

Mais toujours rien ! Et pourtant il fallait une solution d'urgence sous peine de devenir fou ! Fou de douleur !

D'autant qu'à présent l'une de ces abominations s'était aussi intro- duite par la plaie béante de ma bouche, et avait entrepris de ramper vers ma gorge ! J'allais crever d'étouffement ! Etre entièrement dévo- ré... pour disparaître à jamais, purement et simplement par anéantis- sement. Tel une vulgaire charogne d'animal mort grouillante de vers ! Voilà exactement ce qui était en train de m'arriver !!!

Ainsi c'était ça l'explication de tout ce cirque macabre !

Après la mort, pas de paradis, ni d'enfer, juste ... le retour complet aux sources du néant !

Ainsi tout comme la vermine qui rongeait sur terre notre corps en putréfaction, ici c'étaient d'autres créatures du même acabit qui faisaient le même sale boulot avec notre âme ! Jusqu'à ce que je sois totalement gommé de la face du monde. Ou qu'il ne reste plus de moi qu'un unique atome condamné à tourner sur lui-même à l'infini, ou autour de Dieu sait q....

DIEU !

Je l'avais oublié celui-là ! Normal que j'aie toujours obstinément refusé d'y croire puisque jusqu'à présent, je n'avais encore jamais réellement souffert pour faire appel à lui ! Or la piété, c'est clair est toujours proportionnelle à la misère humaine et la souffrance endurée !

Dieu ! Cette sorte d'être suprême hypothétique apportant réconfort aux miséreux et malheureux au bout du rouleau, n'ayant personne d'autre à qui confier leur misère... N'était-ce pas justement mon cas ? Ce Dieu n'était-il qu'une entité imaginaire créée par le mirage réconfortant d'un ailleurs meilleur ? Ou est-ce qu'un tel être de contrition pouvait réellement exister ?

Non, impossible ! Toutes ces histoires de bondieuseries, ces contes de fées religieux inventés par les hommes afin de mieux profiter depuis toujours de la misère humaine ne pouvaient être vrais, pour tout être ayant deux sous de bon sens dans la tête ! Pour moi, la religion ne pouvait être autre chose qu'un prétexte ! Prétexte numéro un sur la planète, ex aequo avec le nationalisme pour asseoir l'hégémonie des peuples les uns sur les autres et justifier depuis toujours massacres et hécatombes humaines ! D'ailleurs comment croire en un Dieu omnipuissant et bienveillant avec tout le mal qu'il y avait sur cette terre ? Ou alors c'est qu'il n'était pas si puissant que cela puisqu'il ne pouvait empêcher le mal d'exister. Ou tout simplement qu'il n'existait pas… Non, décidément Dieu et son cortège de religions, ça mon esprit cartésien refusait de le concevoir !

Cartésien ou borné ?

Car en observant objectivement les faits, il fallait bien que je me rende à l'évidence. Il y avait bien quelque chose après la mort... la preuve, ces démons qui m'annihilaient !... et la voix... si je ne l'avais pas rêvé... quel pouvait-être ce mystérieux signe ? ... et si je m'étais trompé depuis toujours ?... Dieu pouvait-il exister ? ... Dans ce cas, peut-être pourrais-je conclure un marché avec lui...

Bon Dieu, un marché ! S'il existe et m'entend, c'est pas gagné ! Faudrait peut être d'abord que je cesse d'être aussi blasphématoire et vénal.

Comme en réponse à cet embryon de repentance je perçus sur les restes de mon corps en lambeaux comme le vent invisible d'une apaisante caresse. Ce qui fit naître en moi une pâle lueur d'espoir chassant un peu les ténèbres de la nuit noire qui m'entourait.

Et puis, je ne sais trop ni quand ni comment mais, la révélation fut là ! Nette, précise, indéniable, incommensurable...

Dieu… Merci… d'exister !

Il existait ! J'en aurais mis ma main au feu ! Je me serais battu obstinément et avec toute la force de la piété dont une foi puissante arme le bras. Voilà ce qui expliquait toute l'ampleur et la fréquence des croisades religieuses !

Dieu existe ! Comment avais-je pu être aveugle à ce point en refusant d'y croire contrairement à la grande majorité des hommes !

Probablement par esprit de supériorité. Refusant une fois de plus, de rejoindre ce que je considérais alors présomptueusement comme la masse ! Comme cette masse humaine et son incroyable diversité et complexité me manquait aujourd'hui dans la prison de solitude où j'étais allé m'enfermer.

Mais heureusement, je n'étais plus seul... Grâce à dieu !

Car Dieu, c'est certain allait me venir en aide !

Seulement comment faire pour communiquer avec lui ? Et en avais-je même le droit après ce lourd passé d'athée médisant ?

Certainement ! Car Dieu ne peut être qu'amour et rédemption ! Oui mais, pas si vite, si c'était vraiment le cas comment expliquer la présence du mal sur cette terre ?

Peut être que le mal en tant qu'intention divine n'existe pas. Le mal serait dans ce cas une création purement humaine, car Dieu dans sa sagesse avait laissé aux hommes le libre-arbitre de créer le monde que ses créatures souhaitaient ériger. Le mal c'est tout simplement l'absence de Dieu dans nos cœurs.

Sans doute mais cela ne se réfère qu'au mal en temps que souffrance créée par l'homme. Que penser des épidémies, des catastrophes naturelles, des accidents de la vie ?

La réponse fusa: La vie des hommes sur cette planète n'a que l'intérêt qu'on lui porte individuellement, puisqu'elle n'est qu'un bref passage ici bas. De plus la mort est un mal nécessaire puisque la vie se nourrit de la mort et que de la mort ressurgit la vie. Le mal ici encore n'est qu'une conception purement humaine. Par conséquent Dieu est bien amour et pardon. Il n'est pas responsable de la vision typiquement humaine du mal et ne prend aucun plaisir à faire souffrir ses créatures.

D'ailleurs Dieu ne m'avait-il pas appelé ! N'étais-je pas ici parce que telle était sa volonté ?

Mais oui bien sûr ! Je ne pouvais être ici que pour qu'advienne cette rencontre avec le divin !

Avec l'absolu ! Dieu ! Quel que pouvait être son nom ! Allah, Jésus, Bouddha… Qu'importe ! Cet être... ou esprit peu importe, existait... Et il me fallait absolument communiquer avec lui.

Seulement je n'en avais aucune expérience. Et puis pourquoi était-il resté sourd à mes appels désespérés, lorsque j'avais évoqué tous les symboles religi…

J'avais la réponse !

Lorsque je le suppliais, je le faisais en agitant des symboles religieux comme on agite des billets de banque. Sans âme et surtout sans la moindre piété ! Et puis de toutes façons, brandir des crucifix ou des livres saints, c'est clair ça ne servait à rien d'autre qu'à attiser les passions.

Car Dieu ne pouvait être, comme le prétendait les hommes, le représentant suprême d'une unique religion qu'un jeu de hasard ou de destinée nous aurait fait rencontrer, en fonction de notre lieu de naissance et culture ! Il ne pouvait être qu'un Dieu commun pour tous ! Ce qui était infiniment plus rationnel.

Ne le nommait-on pas d'ailleurs dans quasiment toute religion, le Créateur ? L'esprit divin ! L'absolu ! N'était-il pas cette force, cette énergie incommensurable, l'essence même de l'univers ? Car à qui finalement attribuer notre misérable vie, sinon au mystérieux pouvoir d'un esprit surhumain et donc divin qui nous aurait insufflé cette vie? A ce souffle mystérieux qui aurait transformé l'explosion de gaz en fusion du big bang des origines, en matière ordonnée ?

Qui d'autre, à part cet être cosmique aurait pu donner naissance à cette vibration universelle en laquelle j'étais moi-même moulé ?

A cette formidable cosmogonie d'un univers, sans cesse plus immense et créateur permanent de mondes nouveaux ?

A ces étoiles majestueuses dont sans nul doute nous étions tous issus? Nous, et mille et mille autres organismes doués de pensée, formes vibratoires constituant des mondes insoupçonnables car appartenant à un univers non visible pour nous. Un univers invisible car totalement inaccessible à un cerveau humain prisonnier de son vivant de ses cinq malheureux sens ! ...

" Quelle fabuleuse sensation de plénitude ! me suis-je exclamé en pleine extase. Non, vraiment, je ne regrette plus rien à présent ! Car jamais aucun être vivant, à part peut-être quelques saints ou mystiques, n'ont pu avoir accès à de tels instants de pure félicité ! Je ne regrette même plus cette douleur qui... tiens, au fait... la douleur ! "
Elle s'était totalement évanouie !

A ce moment précis, j'eus la vision fulgurante de quelque chose qui avait… qui allait... ou qui était en train de m'arriver maintenant! Pardonnez-moi cette imprécision temporelle mais comme je l'appris plus tard, dans la mort, le temps n'existe pas et passé, présent et futur se confondent. Un peu comme dans les rêves...

J'eus donc cette vision : Celle d'un corps, le mien, complètement rongé par la vermine de la mort ! Puis, immédiatement ensuite, la vision de cette même masse d'asticots grouillante qui refluaient endehors de moi... et Dieu merci, de mon corps reprenant l'apparat de son habit de chair initial.

... alors je sus que j'allais être sauvé !

Eperdu de reconnaissance face à cet absolu de miséricorde qui avait eu pitié de moi, j'entamai humblement une prière pathétique à un Dieu à visage humain. Même si cette apparence humaine ne pouvait être que fort invraisemblable, je n'en comprenais pas moins à présent pourquoi la race humaine lui attribuait bien souvent cet aspect. C'était pour le rendre plus proche de chacun de nous. Plus proche du

cœur des hommes. Race humaine à laquelle soudain, j'étais très fier d'appartenir ! Ce qui pour moi était une émotion totalement nouvelle. " Dieu... Merci ! Merci mille fois d'avoir modifié mon abominable destin ! Je sais à présent que tu n'es pas qu'un vague symbole religieux universel, mais l'Esprit même qui régit cet univers ! L'esprit cosmique de ce grand univers auquel nous faisons partie intégrante. Conscients que nous sommes, nous, à notre échelle misérable d'appartenir, et pourtant bien piètres représentants de la sagesse de cet Esprit rayonnant pourtant en nous et tout autour de nous. Tu m'as pourtant, à moi et à tous, donné tout ce qu'il faut pour te comprendre, mais nos yeux ne s'étaient jamais ouverts que pour rechercher pouvoirs et plaisirs futiles, au lieu de mettre à contribution ce corps que tu nous as prêté pour te servir, en servant l'humanité !
Or qu'en faisons-nous ?
Nous gaspillons ce corps en pure perte en commettant mille actes insignes, mille lâchetés ou mille crimes que nous perpétrons en ayant en plus l'audace de le faire en ton Nom ! J'avoue d'ailleurs ne pas trop comprendre comment l'homme qui est ton émanation éprouve le besoin de disséminer sans cesse tant de souffrances ! Mais je ne peux que m'incliner face à la sagesse et à la volonté de l'indicible cosmos.
Aussi, s'il te plait accepte ma prière, ô toi, rédempteur de l'humanité, et si j'en suis digne, accorde moi ton pardon ! Et pour qu'enfin les ténèbres de la haine disparaissent en ce monde pour laisser place à l'illumination de ton amour, accorde-moi une dernière chance de te servir. "

A ce stade, je pris vivement conscience, que ce n'était plus mon vrai moi, l'être primaire grossier et obtus qui s'exprimait, mais un inconnu tapi au fond de moi. Quelqu'un d'inconnu mais de pourtant très proche. Comme un second moi-même caché au plus profond de mon être. Celui que j'avais toujours refoulé. Celui que la mort enfin avait réveillé.
Alors, avec cette étrange prise de conscience se matérialisa une bien curieuse nuée de souvenirs. Et plus précisément le souvenir de cet enfant que j'avais été, il y a bien longtemps.
Il était là face à moi, allongé sur son lit, et en proie à un sommeil agité. L'enfant était en train de rêver ce songe des plus étranges, que

j'avais fait jadis.

Un rêve, on ne peut plus prémonitoire ! Car dans ce rêve cauchemardesque, j'étais, je ne sais plus trop pourquoi, en pleine chute libre. Puis au moment précis où j'allais m'écraser et être anéanti, un être de pur esprit sous la forme d'un ange, était venu me saisir délicatement pour me ramener dans mon propre monde. Celui que l'on nomme réel parce que l'on y est vivant !

De ce songe, j'avais conservé longtemps l'image de cet être de pure bonté. De ce frère invisible et céleste, qui serait sans cesse là pour me protéger... de mon autre moi-même !

Mais hélas, il avait échoué !

Car avec le poids des années m'éloignant bien trop vite du monde encore céleste de l'enfance, le souvenir même de "l'ange" s'était alors envolé, me laissant seul avec le côté "obscur" de ma personnalité !

Tout à coup je compris... un voile se déchira et l'éblouissante lumière -du jour !?! me submergea en même temps que cette terrible révélation !

Je m'étais totalement échappé de la réalité !!!

Toute cette histoire de voyage dans l'au-delà n'était en fait qu'un cauchemar rêvé par un dingue, dont le cerveau ramolli était en proie au délire par suite d'une overdose d'Extazylum !

Il n'y avait jamais eu de professeur Siddhârta ! D'ailleurs Siddhârta n'était-ce pas le prénom du fondateur du Bouddhisme ? Qui donc aurait bien pu s'affubler d'un nom pareil !

Je compris que je voulais tellement échapper à ce monde que je m'étais totalement réfugié dans l'imaginaire !

Je compris que je n'étais rien d'autre qu'un pauvre malade dramatiquement seul et en proie au délire.

O pourquoi, n'avais-je pas plus tôt écouté la voix de ma conscience, qui depuis ce rêve n'avait cessé de me prodiguer de sages conseils, mais que j'avais eu hâte d'enfuir aux tréfonds de moi afin de la faire taire à jamais! Or qu'avais-je fait de ma vie ?

J'avais totalement disjoncté et dilapidé l'argent de l'héritage de mes parents. Démissionné de mon boulot et avec lui du poids d'un monde concret qui m'apparaissait sans intérêt.

Puis j'avais fait la fête chaque soir, abreuvant largement ma déchéance, brûlant et consumant le feu de tous mes désirs, sans autre résultat tangible que de ne plus avoir pour amis qu'une bande de paumés alcooliques. Amis qui avaient tous disparus au fur et à mesure que s'amenuisaient les restes de mon compte en banque !

Alors, seul et sans un sou, j'avais cambriolé une réserve pharmaceutique d'état, et m'étais enfilé toute une boite d'Extazylum dans l'espoir d'en finir !

Ainsi, j'en étais là ! Oh, si seulement tout cela ne pouvait être qu'un rêve ! Si je pouvais me réveiller enfant et refaire le chemin de ma vie, avec quelle attention j'écouterais désormais la voix de ma conscience!

Avec quel dévouement, je m'attacherais à aider et servir tous les exclus comme moi de ce monde... si je pouvais seulement briser les chaînes de ma destinée et me consacrer à ce combat pour que règne enfin l'amour !

L'amour de l'humanité ... et l'amour de cet infini cosmos avec qui enfin Je et Nous ne ferions plus qu' Un ...

L'enfant que j'étais redevenu s'éveilla, le sourire aux lèvres, et je compris qu'une nouvelle chance m'avait été accordée.

A un détail près pourtant, car d'être humain j'étais à présent devenu pure conscience !

MA PROPRE CONSCIENCE !

Mais cela ne me troubla pas, car je sus que cette fois, c'est sûr, je réussirai

QUE JE REUSSIRAI À ME SAUVER DE MOI-MÊME !

Néanmoins, pour poursuivre ton voyage tu peux te rendre :

Là où la science et l'absolu ne feront plus qu'Un !

>> **Pages suivantes**

ou voguer de nouveau vers d'autres horizons parapsychiques :

La foi Chrétienne ça tout le monde pense connaître mais...

<< **Page 21**

La foi Musulmane ou le choc des cultures.

<< **Page 47**

La philosophie Bouddhiste Une philosophie plus qu'une religion parmi les plus anciennes du monde, et du coup...

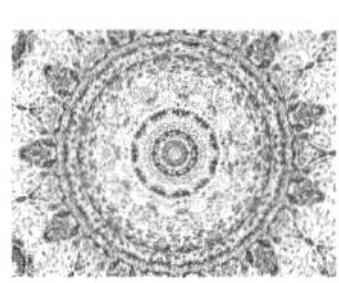

<< **Page 75**

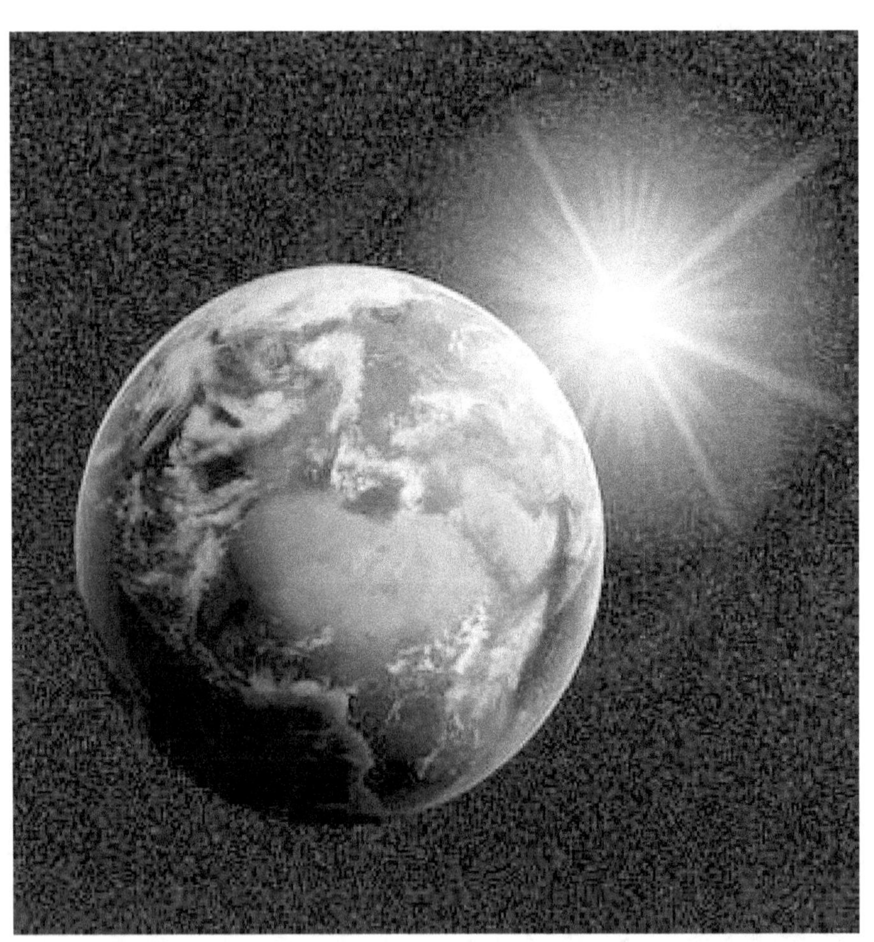

Agnosticisme et Absolu

« Finalement, je pense que je suis plutôt Agnostique », ai-je conclu.

Logique, non ? Car c'était bien pour chercher la preuve qu'il existe une vie cachée derrière la mort que j'étais là !

Je n'allais pas être déçu !

Car une fois le processus relancé, au lieu de me désincorporer et de m'élever, je fus, tout en restant sur place, comment dire... brutalement irradié d'une sorte de lumière ... indescriptible ! Pour en avoir une idée, je dirais que cette lumière s'apparentait à un faisceau lumineux de couleur dorée, décomposé en milliers de paillettes composant d'invraisemblables et sublimes formes en fractales.... Ce faisceau était braqué sur moi. Et dans ce faisceau était concentrée toute la "lumière" de la connaissance !!!

C'est ainsi que " je sus ! ". Que je "sentis" serait un terme plus approprié, car à ce moment là, je devins comme un instrument jouant sur de multiples registres, non pas de sons mais de "sensations" !

C'est ainsi que je sentis le cœur de la planète battre au fond de moi !

Que je sentis profondément l'atmosphère, l'air que je respirais, recyclé des milliards de fois depuis l'origine des origines.

Que cet air était ce qui nous unissait tous ! Car nous respirions en permanence des particules de feu-Socrate ou Einstein, mais aussi d'Hitler, et ce flux pouvait expliquer pas mal de choses. Comme la répétition incessante de la grande roue de l'histoire. D'une histoire surtout jalonnée de guerres, mais aussi de moments d'harmonie intense...

Je sentis que nous étions tous intimement liés au règne végétal, qui nous délivrait l'air que nous respirions avant de lui restituer.

Liés également par ce que nous absorbions de la terre au niveau nourriture, ce qui nous mettait là aussi en osmose étroite, par un processus d'échanges, avec le règne végétal et animal. Mais je sentis aussi que nous étions, par un comportement irresponsable, en train de mettre en péril cette osmose rapprochant ainsi imperturbablement la fin de notre propre espèce... et de bien d'autres !

Et c'est à cet instant que je compris !

Je compris que la planète, tout comme nous, était en fait un immense organisme vivant ! Qu'en tant que tel, elle possédait une forme d'intelligence particulière, dont nous étions, nous, l'ensemble des races humaines et animales confondues le système neuronal ! La masse neuronale délivrant des informations à un super système géant, vivant et intelligent !

C'est ainsi que je pris connaissance du sens de la vie ! Ou en tout cas, de l'une des faces cachées de la vie.

Non, nous n'étions pas venus au monde pour nous adonner simplement aux plaisirs de la vie. Le sens de nos vies n'est nullement de profiter tant bien que mal de notre impétueuse jeunesse, pour plus tard procréer, à seule fin de laisser une trace vivante de notre passé dans un futur qui aura tôt fait de la réduire à néant. Car c'est bien connu, l'expérience des autres ne vaut rien, alors comment voulez-vous que nos enfants subliment l'expérience de leurs procréateurs ?

Non, le rôle qui nous était imparti dans cette existence était bien plus important quoique bien moins valorisant pour notre égo : Nous n'étions pas des acteurs mais de simples récepteurs.

De simples capteurs, recevant des informations pour ensuite les transmettre au système nerveux central : La planète terre !

De simples neurones au service de la planète. Neurones interconnectés par nos actions et nos pensées, à l'image même du complexe système neuronal que draine notre cerveau !

Ce qui en résultait directement, c'est que l'esprit de l'homme était non pas à l'image d'un Dieu hypothétique, mais à celui de la planète-mère qui l'abritait ! Ce qui quelque part revenait au même.

La terre n'était-elle pas à l'image de ses créatures à plus d'un titre et réciproquement.

Ne respirait-elle pas avec son l'atmosphère, le vent, l'océan et les forêts constituant ses poumons ?

Ne bénéficiait-elle pas d'une circulation sanguine, avec son magma en mouvement dans l'écorce terrestre, ses grands fleuves et ses courants océaniques comme vaisseaux sanguins ?

N'avait-elle pas une peau protectrice s'auto reconstituant avec la croûte terrestre , ses plaques tectoniques, ses volcans ?

Une autonomie de mouvement dans sa course autour du soleil ?

Des cellules vivantes s'auto répliquant avec ses organismes végétaux et animaux ?

Et un système neuronal composé d'innombrables capteurs-récepteurs-transmetteurs dont Nous, les hommes étions temporairement les plus aboutis, avec notre capacité d'apprentissage par l'expérience, notre intuition et notre pouvoir de décision !

Ceci me parut tout d'abord incroyable, irréel, bien plus proche de l'imaginaire d'un roman d'Arthur C. Clarke, (comme l'image finale du fœtus flottant dans l'espace dans l'espace du film 2001 odyssée de l'espace ...) que d'un substrat de réalité. Et puis ensuite en y réfléchissant, c'était effectivement bien plus plausible qu'un éventuel Dieu vivant nulle part et partout et fait à l'image de l'homme.

Ainsi le paradis terrestre ne se trouvait pas dans les nébuleuses d'un ciel éternellement bleu comme sur les icônes peintes dans les églises, mais bien sur cette terre. C'était bien plus logique que les contes de fées décrivant un paradis où des anges évoluent dans les airs, au sein même de systèmes galactiques dépourvus d'atmosphère. Pas plus farfelu que son antithèse : un enfer brûlant sous nos pieds, baignant au cœur du magma terrestre en fusion et où des démons cornus parvenaient malgré tout à s'éclater sur leurs damnés préférés !

Seulement pour jouir de ce paradis bien terrestre, il y avait une contrepartie à payer ! Ce n'était pas vraiment par hasard si nous, les enfants de la planète, étions des créations particulièrement comblées par la nature. Comblés, puisque la planète-mère nous avait dotés du langage de la conscience et d'un de ses plus beaux cadeaux et principal atout: une capacité d'adaptation hors pair et un puissant pouvoir créateur. Tout comme elle ! Un cadeau et une arme qui risquait fort de se retourner contre elle !

Ces cadeaux, elle nous les avait faits à titre expérimental, afin de régenter un certain nombre de concepts vitaux, comme de maintenir une forme d'harmonie entre d'innombrables espèces vivantes.

De protéger les espèces menacées d'extinction. De gérer la coexistence des espèces animales et végétales de façon plus rationnelle que par l'impitoyable sélection naturelle qui faisait constamment disparaître les plus faibles. Car chaque espèce même instable et fragile délivrait un lot d'informations essentielles pour la planète-mère et avec leur disparition, ces informations lui faisaient défaut.

C'est pourquoi elle avait fait jaillir l'homme de son sein.

A présent je connaissais le second sens caché du sens secret de la vie : Utiliser nos vies pour remettre le fruit en terre. Le fruit de notre expérience, le fruit de notre intelligence créatrice, le fruit d'une organisation rationnelle du système, revenu au sein même de la puissance qui l'a engendré ! Afin que des noyaux de tous ces fruits jaillissent, croissent et multiplient d'autres fruits, encore et toujours.

Et de ces nouveaux fruits surgiraient probablement bien d'autres espèces, plus aptes encore que l'espèce humaine à servir notre fertile planète. Car malheureusement, cette espèce humaine superbement douée mettait plus volontiers ses capacités à servir son avidité naturelle qu'à servir sa planète mère et berceau.

A l'asservir au lieu de la servir !

Et du coup, ses créations humaines fort peu reconnaissantes étaient en train de lui refiler une profonde maladie de peau, qui lui grattait l'écorce... en attendant le jour où cela la démangerait trop et qu'elle envisagerait, l'expérience ayant assez duré, de secouer ses puces !

D'ailleurs elle avait déjà commencé... doucement... pour le moment !

Car la planète-mère se moquait totalement de la mort de ses enfants, puisque après tout peu lui importait. Tant qu'elle serait elle-même vivante, elle continuerait à distribuer la vie avec autant de prodigalité que son inverse !

J'en déduisis alors que l'angoisse de la mort ne terrifiait finalement que les hommes. Les animaux ayant une conscience qui leur permettent de vivre, non pas sans aucune crainte de la mort, l'instinct de conservation est pour cela bien trop puissant, mais en tout cas en une totale insouciance de leur devenir post-mortem.

D'ailleurs, chez certains insectes, notamment les fourmis, cet instinct de conservation ne se manifestait nullement par la survie individuelle, mais par celle de la fourmilière tout entière. Tel un vaste corps dans lequel chaque individu constituerait une cellule vivante.

Pour quelle raison tant d'insouciance de leur part concernant la survie individuelle ? Simple inconscience ?

Nullement ! Tout simplement parce qu'ils connaissaient d'instinct une loi bien simple à observer pour qui sait prendre le temps d'observer la nature :

La vie se nourrit de la mort et la mort se nourrit de la vie !

Simple, non ? La vie et la mort fonctionnaient en étroite collaboration, le vivant se nourrissait de la mort, et la mort constituant le fumier fertile d'où renaîtrait la vie. Ad aeternam !

Comme tout se recyclait à perpétuité et qu'aucun atome jamais ne se perdait dans ce prodigieux cycle vital, qu'importait alors le fait de mourir !

Le visage de la mort ne nous apparaissait-il pas menaçant qu'à cause de la crainte… pardon, le mot est trop faible… de la terreur panique plutôt, que nous inspire depuis toujours la perte de nos identités pour … le néant, ou au mieux pour l'inconnu.

Par la peur de devoir inscrire un jour à tout jamais le mot FIN sur notre existence. Existence en laquelle nous ne sommes que " locataires " de notre propre corps. Ne nous étant même pas créés nous-mêmes...

Cette peur n'est-elle pas entretenue par le désir sublimé d'atteindre l'éternité sans pour autant mourir. Désir de voguer à travers le temps sur le même vaisseau corporel et donc indéfiniment avec le même " moi " enrichi par ses propres expériences et son savoir... pour l'éternité ? ...

Il suffisait pourtant d'y réfléchir quelques instants, pour comprendre que caresser ce rêve de vie éternelle –qui deviendrait d'ailleurs probablement très vite un cauchemar- était pour nous impossible. Notre enveloppe vivante ne pouvant être immortelle et pour de multiples causes... Impossible déjà d'un point de vue purement physique par notre consommation permanente d'un air très corrosif car constitué en majeure partie d'oxygène.

Cependant le fol espoir d'atteindre l'éternité pour l'homme n'était pas un espoir vain. Le problème, c'est qu'il se trompait d'échelle à cause de sa vision tronquée ! ... mais j'y reviendrai plus tard.

Face à ces révélations, je fus comme... profondément déprimé ! Car finalement, plus rien au fond n'avait vraiment d'importance ! Ainsi nos grandes valeurs humaines ne reposaient en définitive sur rien d'essentiel !

Je demeurais là longuement, perplexe, dans la lumière du faisceau qui m'irradiait de toutes ces informations plutôt dévalorisantes et décevantes. En effet, le sens de la vie dévoilé, que restait-il de la magie d'un univers finalement tout aussi égoïste que l'homme, puisqu'il l'avait créé à seule fin de le servir ?

Que restait-il dans ce monde trop rationnel de l'ultime valeur sacrée qui donnait un sens à notre existence ? Celle qu'on appelait l'Amour ?

Bêbête notion sentimentale sans doute créée à seule fin de nous inspirer le besoin d'accouplement ?

Bingo ! J'avais vu juste. Sauf qu'heureusement le visage de l'amour avait d'autres faces... cachées.

Effectivement la nature savait très bien jouer de l'inépuisable gamme de sentiments qu'inspirait ce sentiment nommé amour sur notre race. Elle utilisait ainsi notre amour de soi qui nous imposait un féroce instinct de conservation. Notre amour de l'autre et donc fatalement du sexe pour se multiplier. L'amour de notre progéniture assurant ainsi la survie de la descendance. Et même de notre amour pour un Dieu hypothétique, assurant ainsi une relative unité et stabilité par l'octroi, voire l'abus de règles de morale religieuse. Règles rigides permettant de ne pas trop sombrer vers notre penchant naturel pour l'anarchie et l'autodestruction ! Encore que ce n'était pas gagné d'avance car chaque religion avait du coup décidé d'être la seule détentrice de la vérité et programmé d'anéantir ses rivales mais bref... c'est ainsi que ce sentiment d'amour ébaubissait les hommes et leur inspirait de remplir leurs missions premières de procréation et de l'assumer. Afin que la vie s'accomplisse et demeure, sans cesse renouvelée, sans cesse modelée par le flux et reflux du temps !

Mais heureusement, j'entrevis dans les fractales du faisceau de connaissance que l'amour en ce monde n'était pas uniquement hormonal...

Car ce qui n'était pas vraiment programmé par la créature céleste, c'est que l'amour parfois, bien que trop rarement, pouvait être totalement désintéressé ! Que les sentiments parfois pouvaient donner naissance à des résultats totalement incongrus comme l'art ! Comme par exemple cet art d'apparence mineur qu'est la musique. Quel intérêt en effet aurait pu avoir la planète à remplacer la palette ; déjà infinie de ses propres créations sonores naturelles, par un vent de palettes sonores la surpassant et capable de donner naissance à des flux d'émotions. Emotions génératrices d'actions pouvant mener au suicide ?

Non décidément non, ce n'était pas prévu au programme.

Car de l'amour l'homme en avait fait, au-delà de lui, quelque chose de plus noble que procréation et consommation !

Pourquoi ? Parce que cet amour qui faisait battre son cœur avait quelque chose d'infiniment plus... universel.

Parce que la source de cet amour jaillissait de bien plus loin que les limites planétaires ! Non pas d'un éventuel monde extra-terrestre, auquel je n'aurais pu imaginer de croire un instant sans preuves scientifiques, mais d'une source d'énergie... comment dire... volontairement indéfinissable... D'une intention impalpable et invisible issue des plus profondes et indicibles profondeurs cosmiques... mais patience, je reviendrai plus tard dans ce récit sur la notion de conscience et d'absolu !

Ma pensée, toujours sublimée par la lumière immatérielle du faisceau ne s'approfondit pas à ce moment sur ce passionnant sujet qui fit couler déjà tant et tant d'encre depuis le début de l'imprimerie. D'encre et de sang bien sûr car...

De sang ! Bon sang, ça pour sûr, c'était sûr !

Pourquoi ou pour qui diable se déversaient ces fleuves intarissables de sang sur cette planète ?

Si le maître-mot dans cet univers était réellement l'amour, qu'est ce qui clochait chez les hommes ?

D'où provenait sa rapacité, sa barbarie constante qui le poussait sans cesse à s'entretuer ?

D'où venait sa perpétuelle insatisfaction ?

Pourquoi ne parvenait-il pas, malgré tant de multiples et infructueuses tentatives entreprises à ce jour, à gérer ce monde et à le maintenir en paix pour le bien de tous ?

Cette réponse, je la connaissais déjà !

Je savais que la planète distribuait avec la même prodigalité la vie et la mort, puisque l'un comme l'autre étaient nécessaires au recyclage et donc à la survie des espèces ! Aussi, dans le sens de la sélection naturelle avait-elle également semée la haine dans le cœur des hommes. Et cette haine régulait à son insu non seulement sa propre surpopulation, mais aussi sa survie, et son évolution ! Car la haine lui donnant le goût du pouvoir et de la force, lui permettait d'assumer son instinct naturel de prédateur.

Prédateur qui, pour maintenir sa mainmise, devait évoluer sans cesse afin d'être mieux protégé, mieux armé, et donc faire travailler davantage son intelligence plutôt que ses muscles.

Intelligence lui permettant de s'imposer comme la race la mieux dotée pour contrarier d'éventuels projets de suprématie venus d'autres espèces. Autre espèce qui pourrait alors à son tour être en mesure d'anéantir toutes les autres. L'écosystème reposant sur l'échange de la diversité biologique par consommation de multiples organismes délivrant matière et énergie, elle se condamnerait par la suite avec leur anéantissement à sa propre et ultime destruction, faisant de la planète un désert...

Une fois de plus la mission de l'homme était claire : Asseoir sa suprématie dans un monde qui n'aurait pu fonctionner avec l'amour comme arme unique bien dérisoire... et si la haine, la loi du plus fort, la guerre persistaient, c'était bien à seule fin que le grand et éternel recyclage des atomes demeure à jamais !

" Quoi ? Toute cette absurdité guerrière à seule fin de brasser indéfiniment des atomes ? La vie, la mort et son cortège de souffrances ne seraient donc rien de plus qu'un mal nécessaire, à seule fin de renaître encore et toujours de nos cendres ? " ai-je alors émis, totalement éberlué.

Je fais ici un aparté afin de signaler qu'à ce stade des révélations j'étais devenu totalement accro, tel un drogué ! Totalement avide d'absorber encore plus de savoir... et de preuves.

La vérité ! Il me fallait connaître l'ultime vérité avec un grand V !

D'autres révélations... et leurs justifications... je voulais tout savoir sur tout ! Atteindre l'omniscience ! J'avais besoin de plus d'informations...

et de preuves... d'un océan de preuves crédibles...

Je baignais dans l'ignorance depuis ma naissance. Tout ce que l'on

m'avait proposé de croire sur cette planète, les discours des idoles du showbiz de la politique, ceux des Dieux vivants ou morts de toutes formes, discourant sur le pouvoir de la raison, de la foi, de l'amour…. Tous ces idéaux pouvant donner du sens à la vie se révélaient être... du vent ! Alors à présent il me fallait la Vérité, et la preuve de cette Vérité et même la preuve de la preuve de cette Vérité ! La puissance de ces révélations allait sans doute me griller les neurones à tout jamais mais tant pis, il me fallait en savoir plus et plus vite...
Mon vœu fut malheureusement exaucé ! Malheureusement car j'allais apprendre plus tard à mes dépens et mille fois hélas également aux vôtres, que rien n'arrive jamais sans raison ...

J'entrais alors dans cette phase d'omniscience tant désirée, où toute question était auréolée de sa réponse... écrite. Car j'eus alors la vision pour chacune de mes questions d'une sorte de livre dans lequel les réponses s'inscrivaient. Ce livre n'avait pas encore d'auteur à proprement parler, puisqu'il était issu de la multitude des réflexions humaines du présent et du passé. Et comme là où je me trouvais le temps n'existait plus, ce livre était simultanément écrit, mis sous presse et lu par nombre de mes contemporains. Or fort étrangement, c'était moi qui étais la source inspiratrice de tout ce qui s'inscrivait ! Source que dans le monde des vivants quatre cerveaux canaliseraient et publieraient sous le titre de " La plus belle histoire du monde[1] "
J'y déposai immédiatement les questions que je jugeai les plus cruciales :
Pourquoi la vie ?
Pourquoi la mort ?
Pourquoi faut-il que perdure le joug de leurs cycles incessants ?
Pourquoi faut-il que se perpétue cet invraisemblable recyclage permanent de nos atomes, au lieu de demeurer tranquillement dans un état de stabilité qui nous offrirait une vie éternelle ?
... alors dans le livre s'inscrivit...
" La mort n'est certes pas un cadeau pour l'individu, mais c'est une prime pour l'espèce : elle lui permet de garder son niveau optimal[1] "
Message reçu ! C'était parfaitement exact : Si l'homme - ou une autre espèce- ne mourait plus constamment et en masse, il s'amoindrirait forcément génétiquement. Bien sûr sur le plan physique... mais

aussi psychique !

Psychiquement, parce que dans une situation d'immortalité, l'homme, quel qu'il soit, éprouverait fatalement à terme la mort du désir de vivre. Allant de pair avec la mort de sa créativité, la mort du désir de procréer, la mort du rêve et de l'espérance... Ce qui irrémédiablement le conduirait sur le chemin de la solution finale, celui de l'anéantissement par disparition physique.

Et puis, encore plus clair et concis, un autre passage du livre de la vie s'inscrivit. J'y lus ceci : "La mort est aussi importante que la sexualité. Elle remet en circulation les atomes, les molécules, les sels minéraux dont la nature a besoin pour continuer à se développer. Elle procède à un gigantesque recyclage des atomes, dont le nombre reste constant depuis le Big Bang . Grâce à elle, la vie peut se régénérer[1]."

A ce moment, les pages du livre se tournèrent d'elles-mêmes. Doucement d'abord, et de plus en plus vite, libérant un grand flamboiement d'auréoles colorées. Puis elles se mirent à tournoyer à une vitesse vertigineuse pour se fondre en un unique point étincelant, de plus en plus minuscule et finalement indiscernable, mais que je reconnus. C'était de là que provenait la source de toute vie puisqu'elle était aussi la source de l'univers :

Le Big Bang !

Alors une avalanche d'autres questions naquirent en moi, toujours plus intenses: Ok, la planète terre était un gigantesque champ biologique au bouillonnement expérimental incessant. Notre mère, vivante forcément, puisque génitrice de toutes vies nées en son sein. Mais alors d'où la planète mère avait-elle elle-même puisé la source de sa propre existence ? Quelle énergie vitale phénoménale avait pu engendrer notre génitrice ?

Je sais et je sais que vous savez que la science proposait cette réponse : Tout était issu du Big Bang ! Les particules élémentaires, les poussières, les gaz, les atomes qui sortis des forges de cœurs d'étoiles en fusion en créeraient une infinité d'autres, répandus dans l'espace par

---

[1] Ce livre existe réellement sous le titre de "La plus belle histoire du monde" co-écrit par Joël De Rosnay, Yves Coppens, Dominique Simonnet et Hubert Reeves.

le dernier souffle des étoiles mourantes aux quatre coins de l'univers.

Certes, mais alors dans ce cas qui avait créé ce phénoménal Big Bang, ce formidable chaos primitif qui allait créer la "soupe originelle" de l'univers dont nous sommes tous issus ? Que pouvait bien être la source originelle de ce Big Bang ? Et avec lui la source simultanée de la matière, de l'espace et du temps, s'il n'y avait pas d'avant ?

Alors je sentis le faisceau de connaissances braqué sur moi, s'intensifier encore, créant en moi une nouvelle palette de fulgurante symbiose avec les milliards de fractales me délivrant leur flux d'informations. Ce qui eut pour effet d'affiner fantastiquement ma "vision sensitive".

Je sentis d'abord que l'hypothèse "Big Bang" n'avait rien d'hypothétique mais reposait sur une réalité. Réalité cependant parallèle à une infinité d'autres réalités ! Un concept en fait si abstrait que mon esprit cartésien aurait totalement refusé d'admettre et attribué aux fruits d'un cerveau dérangé dans le monde à l'esprit étroit des hommes. Mais ici les vérités émises par l'irradiant faisceau de connaissance absolu ne laissaient nulle place au moindre doute.

Cela commença doucement.

J'eus tout d'abord confirmation que la trame universelle de la matière et de la vie était bien tissée par les gigantesques brasiers de cœur d'étoiles en fusion.

Vaste laboratoire céleste, transformant, purifiant, fusionnant et donnant inlassablement la vie à des particules élémentaires, des atomes puis des molécules sans cesse plus complexes, pour aboutir jusqu'à nous... et bien au-delà de nous !

Vaste laboratoire nous irriguant sans cesse, tel un grand fleuve cosmique, d'incroyables forces totalement invisibles à nos yeux. Ces forces pourtant nous les percevions mais sans pouvoir les identifier. Elles étaient responsables de toute l'évolution.

Ces forces invisibles clairement décelées et quantifiées par la science avaient pour nom " rayons cosmiques[1] "

Rayons qui étaient en train de m'abreuver d'informations sous la

---

[1] Ces rayons cosmiques existent réellement et seraient d'après Hubert Reeves responsables des mutations génétiques

forme du faisceau !

Rayons totalement invisibles au monde des vivants, mais que parfois nous ressentions sans pouvoir clairement en déterminer la cause.

Rayons qui insufflaient sous une forme tangible des courants de pensées, des idées simultanées se matérialisant par des vents d'inventions subites soufflant au même moment sur toute la planète. Ce phénomène que l'on nommait également « noosphère » permettait, via notre cerveau, à l'esprit de chaque être humain d'accéder à l'ensemble des connaissances accumulées dans la mémoire de l'univers. De là résidait la source d'inspiration véritable que connaissaient les grands artistes, penseurs ou scientifiques.

Rayons que nous percevions aussi tout simplement par nos changements d'humeur. Changements que l'on attribuait généralement, n'en sachant trop la cause, aux phases de la lune ou aux éruptions solaires....

Rayons qui, nous pénétrant imperceptiblement, induisaient sans cesse des mutations en nous. Mutations de notre évolution de pensée et même avec le temps de nos identités profondes.

Pourquoi ? Parce qu'ils agissaient directement sur nous et imperceptiblement modifiaient sur plusieurs générations nos gènes, via notre ADN qui par sa forme spirale et sa composition faisait office d'antenne réceptrice. C'est ainsi que des êtres et des espèces nouvelles sur la terre et dans l'univers naissaient, évoluaient sans cesse ... ou disparaissaient !

Et puis, je perçus une autre vérité universelle. Quelque chose d'essentiel ! La mort n'était pas un phénomène terrestre isolé, non....

La mort est intemporelle et universelle !

Tout comme nous, les forces colossales qui avaient donné naissance à notre planète-mère, n'échappaient pas non plus au cycle éternel de la vie et de la mort, puisque les étoiles mourraient aussi... après avoir accompli leur rôle géniteur, celui de délivrer le fruit de sa création ! Celui de projeter lors de son dernier souffle sa semence, juste a l'instant magique et céleste de sa mort d'étoile. Tel un organisme vivant. Offrant ainsi au firmament les bases d'une matière nouvelle chaque fois plus complexe !

Cette matière, née des forges célestes, à son tour engendrerait la "vie" d'une infinité d'autres étoiles et de ses enfants, les planètes. Planètes qui elles-mêmes donneraient sans aucun doute naissance à une infinité d'autres enfants du futur[1] !

En un cycle éternel du temps et de l'espace
   sans cesse voguant plus loin
      vers l'infinité sans limite de la création !

Oui ! Une fois encore, tout était clair !

De l'infini lointain jusqu'au microcosme, tout était lié !

Tout était lié, Ok ! Je connaissais à présent l'origine de la matière, de l'énergie et de la vie.

Mais il manquait encore quelque chose à tout ça !

La conscience !

D'où avait pu jaillir cette conscience qui m'animait. Cette conscience qui emplissait les pages de ce livre ?

Comment est-ce que cette fantastique mécanique céleste avait pu donner naissance à une conscience, et surtout à

une conscience consciente d'elle-même !

Le hasard seul assisté de l'infini du temps aurait-il pu réaliser pareil miracle ? Non, il devait forcément y avoir quelque chose derrière tout cela ! Une forme d'intention, quelque part !

Une forme en tout cas de conscience supérieure !

Une forme en train de braquer le faisceau sur moi !

??? DIEU ???

Non ! Cette idée de bondieuserie qui empestait pour moi la supercherie et la superstition ne pouvait décidément me convenir.

---

[1] Citation de « Poussières d'étoiles » d'Hubert Reeves

Ce Dieu vivant, à l'image de l'homme, -déjà quelle ânerie- ce Dieu dissimulé derrière son voile de mystère, incapable de mettre fin à la misère et à son cortège de souffrances dans un monde qu'il aurait lui-même créé de toutes pièces, ne constituait décidément pour moi qu'un odieux chantage inventé par les hommes afin de mieux s'auto-asservir... ou alors c'est que ce Dieu était totalement irresponsable ou dément ! Non, impossible, dieu ou diable, pour moi, ça ne collait pas !
Pourtant, il me fallait une réponse !
La source ! ... Il me fallait remonter à la source du faisceau d'informations
Savoir qui... ou plutôt qu'est-ce qui se cachait derrière !
Facile à dire ! Mais à réaliser ! ... Comment diable ... enfin... comment parvenir à se mouvoir dans un monde immatériel ?
Et bien curieusement, ce ne fut guère long, ni difficile. J'apprendrais plus tard pourquoi à nos dépens car encore une fois rien n'arrive jamais sans raison !
Incapable bien évidemment de me mouvoir, je trouvai, Dieu sait comm... heuu... bref, je trouvai un moyen de remonter le formidable flux de particules qui le constituait en utilisant sa propre énergie. Le principe rappelait vaguement deux trains à l'arrêt dont l'un en face se meut soudain. Cela donnait en conséquence une sensation toute relative de mouvement et de déséquilibre alors même que nous étions immobiles.

En clair, ce n'était pas moi qui me mouvais, c'était l'univers qui se projetait vers moi !

Je franchis ainsi des ponts de milliards de milliards de particules élémentaires, traversai virtuellement des milliers de brasiers en fusion, ne fis plus qu'Un avec des féeries de matière gazeuse en suspension, découvris des formes de "vies" qui dépassaient l'entendement, à côté desquelles l'homme, malgré toute la fantastique machinerie complexe de son corps et de son cerveau, ressemblait à un pantin désarticulé... et invertébré !
Je voyageai ainsi grâce au faisceau sur un espace infini. Je franchis sans doute plusieurs millions d'années-lumière. En tout cas, il m'était

impossible de m'en rendre compte car je voguai tel Einstein chevauchant son rayon de lumière, au-delà des infranchissables frontières physiques du temps. Jusqu'à ce qu'enfin, le rayon me semblât s'incurver et commencer à se rétrécir !

Enfin ! J'atteignais la limite, la limite même de l'univers.

Ainsi il n'était pas sans fin...

 J'allais avoir une réponse !

Connaître l'ultime vérité !

Soulever le voile de l'Absolu !

Hélas, ce qui s'ensuivit fut sans doute la plus intense, amère et ultime désillusion de mon existence !

Car au bout du faisceau...

Il n'y avait rien !

ou plus exactement...

Rien d'autre que moi-même !!!

Impensable ! Une seule explication logique pourtant s'imposait : J'étais revenu à mon point de départ !

Comment était-ce possible ? Il devait bien y avoir un ailleurs pourtant ! Quelque chose avait dû m'échapper ! Certainement un nœud directionnel où quelque chose d'autre que j'avais dû manquer dans l'ivresse de la vitesse supraluminique !

J'entrepris alors le même voyage en sens inverse avec toute l'attention qui m'était possible.

Mais peine perdue ! Le faisceau sans cesse me ramenait imperturbablement à mon point de départ. Il n'y avait aucune ligne droite en cet univers. Il était courbe, et je ne pouvais donc en aucune façon échapper ! Pas plus que je n'eusse pu échapper à la terre en la parcourant en tous sens !

Qu'est ce que cela signifiait ?

D'après mes connaissances, l'univers était en expansion. Jusqu'à l'infini, puisque c'était cette expansion elle-même qui créait l'espace.

Il n'était toutefois pas impossible qu'à un moment clé, il finisse par se contracter de nouveau sur lui-même, recréant ainsi les conditions du Big Bang initial pour ainsi renaître de nouveau de ses cendres… Mais il était inconcevable que l'univers soit clos, enfermé sur lui-même ! Sans début, ni fin … autre que moi-même de surcroît !

Une seule conclusion s'imposait : l'univers étant une boucle multidirectionnelle sans issue, le fait de revenir sans cesse en moi comme point d'origine impliquait cette réalité totalement paradoxale :

L'univers était à l'intérieur de moi et moi même à l'intérieur de l'univers !

Comment m'échapper de cet invraisemblable paradoxe ? Il devait pourtant y avoir un moment clé d'origine. Quelque chose qui existait avant moi. La source originelle. Mais oui bien sûr. Il suffisait d'y ajouter une dimension...

Celle du temps !

Euréka ! Je venais de trouver, ce qui clochait !

Jusqu'à présent je me contentais de parcourir l'univers en voyageant hors de ce qu'on appelait la quatrième dimension, celle du temps !

Le temps n'étant que de l'énergie quantique tout comme la matière, il "suffisait " de le remonter jusqu'à l'instant zéro de la création et peut être au-delà afin d'atteindre la connaissance suprême . Celle de l'origine des origines ! La singularité initiale.

Facile à dire ! Mais comment faire avec le temps qui comme chacun sait, ne s'écoule que dans un sens ? Du moins au niveau macroscopique, car au niveau microscopique toutes les lois de la physique sont réversibles. Ce qui signifie qu'il n'y a pas de flèche du temps en réalité, l'écoulement étant une illusion admise par méconnaissance[1].

Ceci était l'état actuel de nos connaissances en physique quantique. Actuel oui mais dans le futur ?

Le faisceau de la connaissance, intemporel car situé hors du temps me donna la réponse que les hommes découvriraient plus tard : $\Delta\Phi = 4\pi G\mu$, découvriraient du moins dans un univers jumeau appelé Waam[2] car pour celui ci malheureusement… Mais n'anticipons pas.

Le moyen de prendre le chemin inverse du cours du temps se trouvait … dans l'antimatière. Car l'antimatière est de la matière à masse et énergie négative, contrairement à la matière, fonctionnant dans le

132

sens inverse du cours du temps. Une sorte de miroir, en somme[1]. Et où trouvait-on de l'antimatière en quantité colossale ? Dans un univers jumeau composé d'antimatière et dans lequel le temps s'écoulait… A l'envers !

Soit mais comment y accéder ?

Par les trous noirs ! Trous noirs que j'avais observés mais jusqu'ici soigneusement évités par prudence. Le rayon m'apprit ainsi que ces formidables absorbeurs de matière au champ gravitationnel rejetaient la matière inversée par un trou blanc, créant ainsi une porte spatio-temporelle.

N'ayant aucune autre alternative, je décidai, non sans crainte de me lancer dans cette périlleuse aventure.

Bien mal m'en pris ! Car dès que je fus à portée de la formidable attraction de l'un d'eux, je fus avalé en une série de tourbillons sans fin à une vitesse cataclysmique. Et mon moi virtuel écrasé, broyé et décomposé en milliers d'ondes dissociées.

S'ensuivit une perte totale de toute perception avec la disparition de ma conscience. Et c'est probablement pendant ce laps de temps inquantifiable que dut se produire l'irréparable ! Quelque chose qui allait s'avérer lourd de conséquences pour l'humanité entière...

Car au moment même où une forme de conscience rejaillit en moi, ce fut pour me rendre compte que le faisceau ainsi que Tout avait disparu.

Où, je ne savais ! Mais Quand, je ne le savais que trop bien !

A l'instant de tous les instants ! A l'Ultime instant des origines !

Juste avant le temps Zéro de l'univers visible...

Flottant dans un néant de vide absolu, j'étais au cœur d'un univers qui n'était pas encore né, car prisonnier du poids infini de la masse colossale qu'il deviendrait...   PLUS TARD !

Impossible de trouver des mots pour décrire un tel paradoxe, cela dépassait totalement l'entendement humain !

Mais étais-je toujours humain ?

---

[1] Infos inspirées par le site www.conspirovniscience.com/lecoursdutemps1.php

[2] Infos inspirées du site http://www.ummo-sciences.org/ traitant entre autre des Ummites, race d'extra-terrestre qui aurait laissé des messages écrits sur terre.

Brutalement je découvris que ce paradoxe en impliquait un autre, tout aussi prodigieux et encore plus terrifiant pour ce qu'il impliquait: Je ne pouvais pas exister, puisque l'univers dont j'allais être issu n'existait pas encore lui-même ! Alors dans ce cas...

... comment m'était-il possible d'être ici et maintenant en train d'observer

L'INOBSERVABLE !!!

Réponse : Ailleurs et jamais

Puisqu'ici et maintenant, ni l'espace ni le temps n'existaient encore.
C'est cette dernière réflexion qui allait me mettre sur la voie de l'ultime révélation.
Ultime révélation ! Comme le terme est bien choisi ! Puisque cette révélation allait changer définitivement le cours de mon ex-existence !
... et pas seulement de la mienne, hélas, puissiez-vous un jour me le pardonner...

Perdues dans la nuit des origines flottaient des pensées ...

¤ Suis-je encore ? Où ai-je même existé un jour ? ¤

¤ Après tout, qu'est ce qui le prouve ? ¤

¤ Ma sensation d'être ou d'avoir existé ? ¤

¤ Sans doute, mais si cette sensation elle-même n'était qu'illusion ? ¤

¤ Quelle preuve tangible avais-je de moi-même lorsque j'étais vivant, sinon la réflexion de mon image dans le regard des autres ? ¤

¤ Et ces autres existaient-ils seulement ? ¤

¤ Où n'étaient-ils là que pour me donner l'illusion d'exister ? ¤

¤ Et de même qu'est ce qui prouve que l'univers existe ? ¤

¤ Strictement rien, s'il n'existe personne pour en témoigner ! ¤

¤ Strictement rien s'il n'existe une conscience vivante capable de
l'observer ...et de lui réfléchir sa propre existence... ¤

¤ L'univers serait donc un gigantesque miroir renvoyant à une conscience l'image de lui-même... à seule fin d'exister ? ¤

¤ Et l'existence pourrait-elle exister
s'il n'y avait aucune conscience originelle ? ¤

¤ Certainement pas ! ¤

Par conséquence je serais donc en même temps le créé...

... et le Créateur !

C'était donc ça l'Ultime Vérité ? ...

... Le Paradoxe des paradoxes ? ...

... "C'est vrai ! Nous l'avions oublié !" ...

... Alors Je disparus ..

... en même temps que l'Univers ...

Prisonnier de la masse colossale de sa propre pensée,
le créateur ne pouvait se réveiller.

Ayant l'éternité devant et derrière lui, il rêva et rêva encore
jusu'au moment où il trouva le moyen de se libérer de son rêve
en créant l'univers ... et puis quelqu'un pour l'admirer et en témoigner

Alors, satisfait de son oeuvre, il se rendormit,
car il lui restait encore une réponse à trouver :

Qui donc avait rêvé, du rêve du créateur ?!?

Epilogue philosophique

où il sera question de l'union qui forgera la force

Bien. Finalement Jack étant aux commandes de l'univers post mortem n'a pu que générer différents mondes en fonction de ce en quoi il croit et de son imaginaire. Leur donnant ainsi, qui sait, quelque part une forme de réalité. Quant à son guide le professeur Siddhârta, nul doute qu'il ne finisse avec ses expériences par se réincarner quelque part en bon successeur du Dalaï Lama, continuant ainsi à perpétrer un « océan de sagesse » aux générations futures.

A ce propos, la philosophie bouddhiste, religion des plus anciennes née au VIe siècle avant Jésus Christ, a de beaux jours devant elle en Europe car devient de plus en plus en vogue au dépends des religions monothéistes et notamment de la Chrétienté, emprisonnée par le carcan d'une institutionnalisation à outrance et de dérivés sectaires à l'Américaine fortement teintées de mercantilisme.

Mais pour en revenir à Jack, notre héros pour conclure l'épisode sur l'Agnosticisme n'a rien trouvé de mieux comme fin qu'une nouvelle apocalypse comme dans tous les bons films Américains mais sans Happy End. Ce qui, entre parenthèses est une façon très « humaine » de répondre à la question de Bernard Werber[1] dans sa trilogie des Dieux : Et vous, si vous étiez Dieu, que feriez vous ?

Jack, l'élu n'étant pas parvenu à lui seul à harmoniser ce monde, il va donc falloir nous y atteler nous-mêmes en tentant de trouver des réponses aux questions déjà évoquées dans les histoires qui précédent :

Au sujet de l'après-vie

Pour commencer, posons-nous la question existentielle primordiale : Qu'y a-t-il après ? Qu'y a-t-il au-delà de nos vies ? Qu'est-ce que la vérité ?

Ma propre réponse est : La Vérité dépasse et dépassera toujours tout ce que l'homme peut imaginer. Mais après tout qu'importe !

La quête de la vérité auréolée de son halo de mystère est peut être plus passionnante qu'une vérité qui pourrait s'avérer somme toute décevante. Albert Einstein ne disait-il pas : « Le plus beau sentiment du monde, c'est le sens du mystère. Celui qui n'a jamais connu cette émotion, ses yeux sont fermés »

Il est par contre regrettable que cette quête de la vérité conduise depuis toujours à des dérives fascistes au lieu d'unir les hommes vers des buts mystiques où l'amour d'un Dieu (même hypothétique) régnerait et ferait régner amour et paix sur cette terre.

De toute façon la vérité absolue est un mythe dangereux qui fonde les intolérances et les guerres de religion[1]. La mort définitive de l'esprit me semble être une aberration de la nature. Car celle-ci est tellement bien faite dans le sens d'une logique «organisée » ou tout du

---

[1] De Bernard Werber . Dans sa trilogie sur les Dieux, son œuvre fait se rencontrer notamment mythologie, spiritualité, philosophie, science-fiction, biologie et futurologie. A noter que vous pourrez découvrir sur internet nombre de sites développant ses idées dont son encyclopédie du « savoir relatif et absolu » on line

moins tendant vers un gain d'ordre sur l'entropie du désordre, qu'il semble fort probable que l'histoire ne s'arrêtera pas là.

Que la force de l'esprit même désincarné continuera son parcours, car il m'apparaît par trop illogique que cette masse d'informations sombre à jamais dans le néant d'un univers où comme on le sait, rien ne se perd, tout se transforme.

Au sujet de l'avant-vie

S'il y a réincarnation, c'est qu'il y a forcément eu quelque chose avant. Pourquoi dans ce cas ne nous en rappelons-nous pas ?

Probablement parce que le souvenir de nos vies précédentes fausserait complètement le cours de la nouvelle vie. Les humains, ne se sentant pas en osmose dans leur nouvelle vie, se suicideraient alors en masse pour passer à autre chose, alors que ce qui les retient le plus de passer à l'acte est la peur du néant.

Peut être y a-t-il également une contrainte « technique » dans le sens où un cerveau de nouveau-né ne pourrait contenir une aussi grande masse d'informations sans avoir un cerveau qui ferait cent fois celui du volume actuel d'un nouveau-né. Nouveau-né qui d'ailleurs ne nait pas « fini » contrairement aux autres mammifères mais que la « nature » a choisi de faire quitter la matrice maternelle avant, sinon la taille du cerveau ne lui permettrait plus de sortir de cette matrice. Peut être, est-ce là la raison d'une certaine suprématie de l'homme sur l'animal, un cerveau plus volumineux ?

Les théosophes pensent que l'homme n'est pas son corps, ce dernier se transformant sans cesse, qu'il n'est pas son mental, celui-ci se modifiant sans cesse, et qu'il y a en l'homme un élément permanent qui constitue son identité tout au long de toute une variété d'incorporations.

En clair que notre véritable identité se situe ailleurs et que chaque être humain est une goutte constitutive du grand océan de Conscience. Comme dans l'océan, chacune de ses gouttes d'eau contient tous les éléments du grand ensemble, et chaque goutte d'humanité, chaque être humain, contient dans ses limites tous les éléments du grand univers[1].

[1]Infos issues du site www.theosophie.fr

Entre parenthèses cette hypothèse de véritable identité se situant « ailleurs » pourrait expliquer la sensation d'anges gardiens veillant sur nous. Notre véritable moi étant en interactivité avec notre moi terrestre et l'influençant notamment par le cours de nos rêves ?

Si vous demeurez sceptiques, par rapport aux réincarnations que penser des études faites sur des gens sous hypnose pouvant parler des langues qu'ils n'ont jamais apprises et narrer des détails géographiques d'endroits où ils ne sont jamais allés ? Vous même n'avez-vous jamais eu cette impression dite de déjà-vu ? Cette sensation d'avoir déjà été témoin d'une scène ou d'avoir déjà vécu une situation présente identique, d'avoir déjà visité un lieu hier encore totalement inconnu ?

Au sujet de ce qui constitue notre âme

Je vous invite à découvrir ici une variante relativement proche du Bouddhisme, avec la "recette d'une âme" de Bernard Werber : « Au départ, l'âme d'un être humain est déterminée par trois facteurs: l'hérédité, le karma, et le libre arbitre.

Leurs proportions sont reparties généralement ainsi:

25% d'hérédité : Cela signifie qu'une âme, en début de parcours, est influencée pour un quart par la qualité des gènes, la qualité de l'éducation, le lieu de vie, la qualité du milieu de vie déterminé par ses parents.

25 % de karma : Cela signifie qu'une âme, en début de parcours, est influencée pour un quart par des éléments qui subsistent de sa vie précédente, désirs inassouvis, erreurs, blessures, etc., qui hantent toujours son inconscient.

50 % de libre-arbitre : Cela signifie qu'une âme, en début de parcours, décide pour moitié librement ce qu'elle fait sans aucune influence extérieure. Avec ses 50% de libre-arbitre, un être peut ensuite modifier cette recette.

Soit il peut s'affranchir de l'influence de son hérédité en se soustrayant très jeune à l'emprise de ses parents.

Soit il peut s'affranchir de son karma en refusant de tenir compte de ses pulsions inconscientes.

Ou, au contraire, il peut renoncer a son libre-arbitre en acceptant de

n'être que le jouet de ses parents ou de son inconscient. »
Recette intéressante à méditer.

Au sujet des voyages dans l'au-delà

Les témoignages des gens aillant vécu des expériences NDE (mort clinique temporaire) en rapportent quasiment tous une histoire similaire :
Vision accélérée de notre vécu se déroulant du présent vers notre passé, sortie du corps avec vision très nette de celui-ci allongé en contrebas doublé d'une parfaite perception de l'environnement, celui des lieux, des personnes et de leurs conversations sur place, puis passage dans un tunnel sombre vers une lumière indescriptible avec à son approche une sensation de plénitude, d'amour et d'omniscience.
La décision de réintégrer leur enveloppe terrestre s'accompagne souvent d'une grande souffrance et est prise à contrecœur. Généralement afin de ne pas faire souffrir les proches qui les aiment, ou par la perception que le temps n'est pas encore venu pour eux de partir, leur restant une tâche à accomplir. A leur retour, ces gens modifient pour la plupart leur comportement, vivant alors de façon moins égoïste et de façon beaucoup plus attentive, altruiste et désintéressée auprès de leurs frères humains.
Il est intéressant de noter que la plupart de ces gens, mêmes les plus pieux prennent alors leur distance avec la religion, en ayant reçu comme vision que la religion n'est pas Dieu, qu'elle n'est que le reflet de ce que les hommes en ont, une façon parmi d'autres de réaliser Dieu. Celui-ci s'apparentant à une forme d'énergie indéfinissable dépassant l'entendement humain. Une force cosmique unique[1].
Que peut-on en conclure ?
Les scientifiques en pensent qu'il s'agit d'une dernière salve de notre fertile et mystérieux cerveau cherchant à nous rendre la fin plus douce. Que le fait de remonter rapidement le cours de l'histoire de notre vie ne serait dû qu'au fait que le cerveau cherche une situation similaire dans notre vécu afin d'y trouver un repère puis une solution.
D'autres arguent que notre corps étant cliniquement mort, notre « âme » ne peut enregistrer aucun souvenir de ce « voyage ». Que si des souvenirs de cette expérience existent c'est qu'ils ont été enregis-

trés ailleurs que dans notre cerveau. Qu'il existerait des sortes de sphères pour chaque individu contenant notre identité profonde au-delà de la matière et du temps. Que ces sphères sont reliées entre elles en une sorte de mémoire collective, chacune étant de par son vécu spécialisée, un peu comme des cellules formant un être vivant.

Peut être existe-t- il une sorte de "méta-conscience" intemporelle qui existait avant que le monde existe et dont l'univers est la (ou une des) création. Ce que les religions appellent Dieu. [1]

Une parcelle de cette méta-conscience pourrait flotter au centre de chaque être vivant leur permettant ainsi d'être doué de conscience.

Peut être y a-t-il également des univers en cascades voguant de l'infiniment grand vers l'infini petit ou inversement. Car après tout si l'univers est né avec le Big Bang de quelque chose de plus petit qu'une tête d'épingle, qu'est ce qui l'empêcherait de tenir dans notre cerveau, par exemple. En des sortes de poupées russes, tel un inconcevable fractal ou chaque zoom sur un détail permettrait la découverte de nouveaux mondes[2]. Tout n'étant finalement qu'une question de dimension et de conscience de cette dimension par un observateur.

A ce sujet, dans l'état actuel de la science, nous butons depuis Einstein sur la théorie de l'unification : la théorie du Tout. L'infiniment grand et l'infiniment petit n'obéissant pas aux mêmes lois. Pour le moment du moins.

Car si nous n'avons pas accès au fonctionnement de l'univers peut être est-ce que parce que notre cerveau ne peut appréhender qu'une seule chose à la fois et n'a pas la capacité d'embrasser d'un seul coup de vastes champs de mutuelles interactions cosmiques[3]. Mais nul doute qu'à l'aide de ce que l'on nomme l'intuition, cette démarche inconsciente de l'intelligence globale, et aidé par une évolution formidable de machines pouvant traiter des informations bientôt à l'infini, il créera un jour l'hypothèse la plus vraisemblable qui s'avérera vérifiable et véridique.

---

[1] Dernières phrases extraites du livre « la mort transfigurée » d'Evelyne Sarah Mercier de l'association Iands France
[2] Infos de source inconnue issues du site http://syti.net/
[3] D'après Alan Watts . A lire sur le site http://syti.net/

Existe-t-il une forme de conscience commune aux humains ?

Commençons par prendre connaissance du concept de la Noosphére : Ce concept forgé par Vladimir Vernadski et repris par Pierre Teilhard de Chardin qui serait le lieu de l'agrégation de l'ensemble des pensées, des consciences et des idées produites par l'humanité à chaque instant (source Wikipédia). Cette conscience située dans une dimension invisible, mais que nous percevons, serait génératrice de toujours plus de conscience, et d'une conscience de plus en plus solidaire, de plus en plus planétaire. J'ai d'ailleurs pu constater le bon fondement de cette théorie par moi-même car lorsque j'écrivais le tout premier jet de cet « Au delà » courant 1995 déjà, il s'est avéré que Bernard Werber, - auteur que j'apprécie car fourmillant d'idées - rédigeait de son côté son premier ouvrage reprenant le sujet des NDE : Les Thanatonautes, qui sortira en 1996. Par la suite, je me suis aperçu que nombre de mes idées griffonnées en brouillon ou faisant déjà partie intégrante de la première version d'Au-delà ont été reprises et diffusées par lui dans ses œuvres futures. Coïncidence ou Noosphére ?

Ce qui est en tout indéniable c'est que nous entrons dans une ère de conscience planétaire commune où l'individu se sent de plus en plus concerné par son environnement écologique, humaniste et même cosmique.

Au sujet des origines

Pourquoi y a-t-il quelque chose, plutôt que rien ?

Pour tout croyant des trois grandes religions monothéistes, Dieu a créé le monde qui nous entoure pour l'homme afin qu'il puisse s'y esbaubir. En voici une vision plus agnostique d'Hubert Reeves, astrophysicien et vulgarisateur scientifique inspiré, qui résume ainsi la question :

« Y a-t-il une "intention" dans la nature ?

Quoi qu'il en soit, dès les premiers temps du cosmos, la possibilité d'apparition de la vie était inscrite dans la forme même des lois de la physique ... et si la "Nature" avait eu "l'intention" d'engendrer des êtres conscients, elle aurait "fait" exactement ce qu'elle a fait[1]. »

Je trouve cette phrase d'une grande sagesse car laisse définitivement de côté un Dieu à l'image de l'homme, garde-chiourme et gardien de nos âmes au profit d'une vision plus cosmique et mystérieuse de l'univers.

Elle sous-entend également l'idée d'une conscience omniprésente dans l'univers et non réduite à notre petite planète où ce « cadeau » n'aurait été offert qu'à une unique micro-espèce dans l'univers, l'espèce humaine.

Sur le sens de la vie

Tout ceci laisse présager que l'histoire ne s'arrête pas là. Que la vie ne serait bien qu'un passage et que l'histoire n'a peut être pas de fin.

Sous qu'elle forme se poursuit-elle ? Là est toute la question. Mais rien ne presse. Soyons donc patients et si suite de l'histoire il y a bien, vivons du mieux possible, tout en tachant de répandre autour de nous un peu de cet amour qui semble être loi dans la symphonie cosmique de l'univers. (Selon en tout cas la majorité des personnes ayant vécu une NDE)

Facile à dire dans ce monde dur et sans pitié ? Sans doute, mais rien ne nous empêche de le changer !

Car après tout la règle d'or sur cette terre n'est elle pas que « Notre vie est ce que nous en faisons » ou autrement dit « Le monde est ce qu'on en fait ! ». Car nous évoluons au sein d'un monde d'imagination et de création sans limite. Comme si le créateur, s'il existe, avait laissé à ses créatures non seulement leur libre-arbitre total (n'en déplaise aux religieux) mais aussi une parcelle de son pouvoir avec une force d'imagination , une intuition et une créativité illimitée, sur une planète vierge regorgeant de richesses naturelles.

Tout ne serait finalement qu'une question de force de volonté et de grands choix communs - car n'y étant pas seuls il faut bien composer avec autrui.

Ce qui n'est certes pas facile à réaliser par des esprits enfermés dans des corps qui les rendent prisonniers de leurs obligations de survie et

---

[1]Phrase extraite de "poussières d'étoiles" d'Hubert Reeves

désirs. Le tout dans un environnement Darwinien de sélection naturelle où tout ce qui est plus fort se nourrit de ce qui est plus faible.

Sans oublier le contexte ambiant, faisant le charme de notre humanité : surpopulation, famines, épidémies, guerres mondiales, systèmes politiques se succédant et échouant les uns après les autres car reposant sur la quête du pouvoir, avec l'argent comme unité d'échange, et l'ensemble du monde -y compris les humains- comme marchandise. Le tout dans un monde d'insécurité où des catastrophes naturelles peuvent surgir à chaque instant, et comme si cela ne suffisait pas certaines comme le réchauffement climatique liées à la présence même de l'homme sur cette planète.

Soyons néanmoins indulgents pour l'homme qui par rapport à l'échelle de l'évolution vient tout juste de naitre et a bien du mal a dominer des émotions souvent dictées par son puissant cerveau reptilien originel.

(Il y aurait en nous trois cerveaux distincts apparus successivement au cours de l'évolution de l'espèce humaine et empilés comme des couches géologiques). Ce cerveau reptilien serait responsable de nos comportements primitifs car assure nos besoins fondamentaux pour mieux assumer la survie de l'individu (aux dépens de ses congénères) et de son espèce (aux dépens des autres). Cerveau reptilien dont il lui faudra encore probablement quelques centaines d'années pour apprendre à mieux le maitriser.

Mais pour en revenir au sens de la vie[1], si individuellement la vie est réellement ce que j'en fais, pourquoi ne puis-je gagner au loto, être reconnu dans une carrière artistique, faire dans ma vie un métier qui me passionne ?

Cela n'est pas si simple. Il faut tenir compte de facteurs de volonté et de travail, car rien n'est jamais facile à obtenir . Aussi faut-il souvent un certain nombre d'années de travail pour obtenir les fruits de son

---

[1] Face à l'immensité de cette question, j'ai développé le sujet de la recherche du sens de la vie, dans un nouveau livre s'intitulant "Enquêtes sur le sens de la vie" également disponible sur Amazon

labeur, et si ce que l'on souhaite n'arrive pas, l'on trouve fréquemment un autre chemin parallèle, qui avec le recul permet de comprendre que l'on aurait pu faire fausse route en se trompant de désir. Admettons, mais qui souhaite dans sa vie avoir un accident de voiture, des revers de fortune, des maladies incurables ?

Comme nous l'avons vu, outre notre libre-arbitre qui propose de faire sans cesse des choix dont certains sont imposés par l'adversité, il y a quelque part peut être une notion de karma qui expliquerait que la vie n'est pas le long fleuve tranquille auquel nous aspirons.

Ces accidents de la vie seraient finalement davantage dus à des causes spirituelles qu'à celles d'un pur hasard. Par rapport à l'infortune, les bouddhistes répondront que tel est ton karma pour cette vie présente et que tu l'avais préalablement choisi ; les Musulmans, que le contenu de ta vie était déjà écrit ; les Chrétiens que les voies de Dieu sont impénétrables et que les malheurs qui nous touchent sont là pour mettre notre foi à l'épreuve et nous assurer le paradis.

Il faut donc davantage penser cette notion d'action sur notre destinée, comme un choix de vie, une direction à choisir, un but à atteindre, un rêve à réaliser afin de s'en approcher, voire de l'accomplir. Comme des graines à faire germer en attendant leur éclosion, comme l'indique cette devise populaire Chrétienne : « Aide toi et le ciel t'aidera ». Son antonyme avec le proverbe biblique: « Qui sème le vent récolte la tempête » est d'ailleurs tout aussi incontestable.

Aussi le but de cette existence ne pourrait-il être de tenter de transcender les lois impitoyables de ce monde reposant sur le Darwinisme et sa loi pitoyable du plus fort. Dans ce monde où face à l'adversité, nous parviendrions à nous sublimer à l'image de saints, qui ne sont finalement que de simples hommes et femmes répandant le bien envers et contre tout. Personnages que quelque part nous vénérons. Or si nous les admirons, n'est ce pas parce que nous aimerions tant pouvoir en faire autant ?

A ce propos, voici ce qu'en pense le grand Albert Einstein :
« L'être humain fait l'expérience de son être, de ses pensées et de ses sensations comme étant séparés du reste d'un Tout que nous appelons l'Univers. Une sorte d'illusion d'optique de sa conscience.
Cette illusion est pour nous une prison, nous restreignant à nos désirs

personnels et à une affection réservée à nos proches. Notre tâche est de nous libérer de cette prison en élargissant le cercle de notre compassion afin qu'il embrasse tous les êtres vivants et la nature entière dans sa splendeur. »
Merveilleuse réflexion.

A propos du bonheur

Le bonheur est davantage un état d'esprit que quelque chose que l'on peut quantifier et qualifier. Ce qui est clair c'est que ce n'est pas l'argent qui le fabrique, bien qu'avoir les moyens de vivre une vie à l'abri du besoin y contribue certes grandement. Ainsi les gens les plus simples sont souvent les plus heureux car se posent moins de questions alors que les gens les plus riches eux ne dorment plus car ont trop peur d'être dépossédés de leurs biens. De plus ceux- ci se trouvent entourés d'une cour de faux amis qui tôt ou tard leur feront perdre la foi en l'humanité.
La faculté de se trouver une utilité sur cette terre, un sens à nos existences, contribue également fortement au bonheur. Car sans la foi en lui-même l'homme n'a guère d'autre choix que d'épouser les convictions du plus grand nombre, ce qui peut conduire à des dérives et en faire un mouton de panurge manipulable à souhait.
Autre point de vue, celui de Dostoïevski qui disait " L'homme n'est-il malheureux que parce qu'il ne sait pas qu'il est heureux ?" Ce n'est sans doute pas faux, dans la mesure où l'on ne prend connaissance la plupart du temps de notre bonheur, "qu'après coup", dès lors qu'il pénètre dans le domaine du souvenir.
L'homme ne sait pas non plus être heureux car sa volonté d'avoir et d'être toujours plus, sa perpétuelle insatisfaction est sans doute programmée dans son code génétique pour toujours progresser et assurer ainsi de meilleurs gènes à sa descendance …
Il y aurait encore bien d'autres éléments de réflexion à développer au sujet du bonheur mais ce sujet étant inépuisable, je vous incite de nouveau à lire mon second livre intitulé « Enquêtes sur le sens de la vie » où la quête du bonheur occupe tout un chapitre.

Sur le bien et le mal

Les religions dans leur ensemble prêchant toutes que notre comportement dans cette vie influera sur notre avenir post mortem, qu'avons nous à perdre d'adopter une attitude plus compassionnelle ? Aussi même s'il n'y a plus rien ensuite cela ne nous engage pas à grand chose de nous être un peu privés de nos ressources terrestres ou d'accorder un peu de temps et d'altruisme à plus malheureux que nous.

Car comme chacun sait le mal engendre le mal et le bien engendre le bien. Si vous n'y croyez pas faites-en l'expérience et vous vous rendrez compte rapidement que le vécu est ce qu'on en fait et que tout fait génère un effet.

Alors en attendant la vérité, restons courageux face à l'adversité, et tâchons à notre petite échelle de rendre ce monde… meilleur ? plus juste ? plus harmonieux ? plus respectueux ? plus festif ? plus altruiste ? Ou peut être tout simplement plus humain !

Difficile effectivement de choisir un terme définitif, car notre mode de pensée demeure lié à notre propre identité. D'autant plus que ce qui est pour nous l'image du bien peut s'avérer être celle du mal pour autrui, selon un mode de pensée fortement influencé par le lieu géographique de notre naissance, et les coutumes et religions locales allant de pair.

D'ailleurs plutôt que de comparer toujours le bien et le mal, notion humaine parfaitement subjective, peut-être vaudrait-il mieux s'exprimer en termes de noir et de blanc avec tout un monde de nuances de gris intermédiaires. Le noir et le blanc en temps que couleur, en fait n'existant pas. Le noir étant l'absence absolue de lumière, le blanc les contenant toutes. Donc en somme il n'y pas de dualité dans le sens où rien n'est parfaitement blanc ni noir mais plus ou moins teinté de lumière. La philosophie asiatique du Yin et du Yang développe cette idée d'interdépendance, au lieu de dualité. Ceux-ci étant deux concepts complémentaires, que l'on peut retrouver dans tous les aspects de la vie et de l'univers.

L'on pourrait également remplacer la dualité du bien et du mal par des fréquences basses et hautes, délivrant un maximum de différentes vibrations. D'ailleurs une des théories que j'ai parcourues, la théorie des cordes développe l'idée que toutes les particules qui constituent la matière (protons, neutrons, électrons, quarks, photons, etc...) seraient en fait des cordelettes vibrantes (les supercordes) vibrant à des fréquences différentes. Un peu comme des notes de musique. Il ne tient peut-être qu'à nous de faire de ces notes une symphonie plutôt que des discordances[1].

Que faire de nos vies ?

Puisque le monde est ce qu'on en fait, pourquoi ne pas le changer ?
Je viens de le tenter à travers ces écrits en essayant notamment de faire évoluer le concept du Divin vers quelque chose de moins individualiste et de plus universel. Mais à présent c'est à votre tour d'agir, par exemple en prêtant ce livre à votre voisin, ou en propageant certaines des idées philosophiques ou spirituelles qu'il contient et qui vous parlent.
Les idées sont contagieuses et une petite cause peut donner de grands effets. Imaginez un monde dans lequel chaque personne pourrait partager librement l'ensemble des connaissances humaines[1]. Et bien, ce monde existe ! C'est le nôtre, grâce notamment au village global qu'est devenu le monde avec internet. Et, du moins dans la majeure partie du monde, l'on peut encore y parler de tout, y compris de spiritualité et de religions, n'en déplaise aux intégristes.
Car la spiritualité est un cheminement et non un dogme inventé par des hommes ayant édicté des règles autorisant certaines personnes et elles seules à parler de Dieu. Ce n'est d'ailleurs pas parce que ces religieux sont nombreux à avoir tort qu'ils ont forcément raison.
Il faudra néanmoins se montrer vigilant afin de ne pas céder aux sirènes du renouveau, car le monde est plein de faux prophètes.
Sans doute me direz-vous, mais s'il ne faut pas fonder de nouvelle philosophie, sous prétexte que cela peut dériver de façon sectaire et si tout a déjà été testé car la grande roue de l'histoire ne cesse de tourner que pour se répéter, alors à quoi bon s'investir ?

---

[1] Philosophie de l'encyclopédie en ligne Wikipédia, œuvre communautaire écrite par les internautes.

Certes, mais quitte à me répéter, ce qui est nouveau et peut autoriser un changement des mentalités, c'est que notre monde actuel bénéficie, lui, d'internet. Avec sa toile, non pas d'araignée car le mot est mal choisi et fait penser à de pauvres insectes capturés par le filet de la consommation, (ce qui est hélas sa prime utilisation), mais d'une toile de neurones interconnectés alimentant un gigantesque cerveau planétaire. Internet qui permet en quelques clics de prendre connaissance de l'histoire et ses échecs, de l'état actuel de la connaissance scientifique et spirituelle, et qui permet de diffuser sur des forums ou blog persos interconnectés comme facebook des idées nouvelles qui pourront instantanément faire le tour de la terre. Relayées ensuite au reste du monde qui ne peut en bénéficier, par le bouche à oreille et certains médias.

Nous sommes à présent entrés dans le monde de la connaissance partagée faisant de l'homme actuel une sorte d'homo Universalis, attentif au sort de sa planète et de tout ce qui y vit. Capable de faire barrage à la propagande du mercantilisme outrancier et de faire tomber des dictatures.

D'autres modèles de vie peuvent et y sont déjà proposés, tel par exemple celui de la décroissance, qui prône un développement économique contrôlé et non plus infini. Les taux de production et de consommation ne pouvant pas être durablement accrus ni même maintenus, dans la mesure où la création sans fin de richesses correspond à une destruction du capital naturel et que ce dernier est épuisable.

Restera à trouver un espace de liberté pour tester de nouvelles utopies, par définition communauté d'individus vivant heureux et en harmonie, afin que ces utopies ne demeurent pas chimériques. Trouver un lieu, un petit territoire pour les y tester apparaît certes comme une mission impossible dans un monde où trop de pseudo « harmonisations » fait échec au monde du rêve et des idées.

Ainsi, mis à part, proposer à nos politiciens de nouveaux modèles de société, qui ne seront probablement jamais adoptés car la société est bien trop conservatrice et frileuse, que faire d'autre en attendant sinon de tenter à notre petite échelle individuelle de les diffuser pour qu'elles fassent boule de neige ? Qu'attendons-nous pour remettre l'imagination au pouvoir ?

De toute façon, tôt ou tard, il est plus que probable qu'avec la dualité permanente et pernicieuse qui gouverne les hommes, il y aura forcément une rupture. A l'image des progressistes et des conservateurs, nous allons nous scinder en un peuple accro à la modernité, plutôt citadin, et un autre souhaitant revenir aux valeurs d'antan, vivant dans les campagnes, « à l'ancienne ».

Le citadin se verra donc vivre dans des mégapoles du futur de plus en plus vastes et technologiques - cernées hélas probablement de cités bidonvilles du futur pour ceux qui n'auront pas les moyens d'y vivre- et les autres citoyens dans des espaces de campagne peuplée de communautés paysannes ou écolos, indépendantes .

J'ai récemment eu en rêve la vision d'une ville où se dressaient d'anciennes maisons surplombées par une espèce de gigantesque tour Eiffel, sorte de ville nouvelle agrémentée de jardins où poussaient des palmiers. Ce n'était par ailleurs pas plus laid dans le paysage, que ce que la tour Eiffel fût en 1889. Tout le monde criant alors au scandale à cause de la poussée de cette verrue défigurant Paris.

Bref, les habitants de cette ville-tour étaient de nationalités diverses et donc ne parlaient pas tous la même langue. Cependant chaque foyer ainsi que différents lieux de la tour ouverts au public étaient équipés de plusieurs postes d'ordinateur avec webcams intégrées, où grâce à un système de messagerie instantanée, une sorte de Google du futur assurait la traduction simultanée de votre interlocuteur dans la langue de votre choix. Le mythe de la tour de Babel résolu !

Ne vous y trompez pas, ce monde est pour demain. Les téléphones portables d'aujourd'hui sont bourrés de fonctions qui auraient pu passer pour de la science fiction, il y a seulement 10 ans. Du style, reconnaissance du lieu géographique où je me trouve (ça un Gps peut le faire) mais capables également de vous dessiner l'horizon qui vous entoure, et ce même en pleine nuit (google map) ou encore "écouter" quelques bribes d'un morceau de musique quelconque, pour vous en donner le titre et bien sûr, comment l'acheter…

Le monde du futur sonne à nos portes. Pour le meilleur et pour le pire. Courage, fuyons !

Car comme chacun l'a remarqué, l'évolution, en tout cas technologique s'accélère et tout va de plus en plus vite.

Sur l'accélération du temps

Selon le calendrier Maya, tout va de plus en plus vite parce que le monde est soumis à des cycles et que le temps subit à chaque cycle une accélération selon un multiple de 20 depuis le début de la création. Ainsi chaque cycle produit une évolution vingt fois plus rapide que le précédent, ce qui provoque une accélération progressive du temps et de l'évolution.

L'an 2012, grande date de la prophétie maya, est perçu non pas comme la fin du monde, mais comme la fin d'un cycle.

Il y en aurait 13, chaque cycle étant composé de périodes de 7 jours (virtuels) et de 6 nuits qui sont des mouvements temporels ondulatoires alternant créations et intégrations. (Intéressant car l'on retrouve ici le chiffre 13, ainsi que le chiffre 7 des Chrétiens et celui du 6 de l'antéchrist)

Les nouvelles créations se passant pendant les jours, et l'intégration (plus tourmentée) de cette croissance se faisant les nuits …

Le fait que nous soyons traversés par des doutes ou des craintes et que nous soyons enclins à établir un bilan de tout ce qui ne va pas en nous s'explique par la nature de cette période de l'histoire que nous sommes en train de traverser… Elle nous conduit à revivre en accéléré tout ce que nous avons vécu depuis le début de cette grande année sacrée. Tout se passe comme si nous étions les héritiers de l'histoire humaine depuis 5125 ans et que nous faisions une répétition générale de toutes les cruautés et erreurs passées afin de les guérir...ou de sombrer avec elles[1].

Mais heureusement tout espoir n'est pas perdu car 2012 pourrait être un des points de sacralisation du règne humain, ce que les grands initiés ont appelé l'Amour, et qui se manifeste par l'intégration, l'unification, et non plus par la dualité ou la confrontation.

Autre point intéressant rejoignant notamment la pensée Bouddhiste :
Les révélations de ce calendrier font tomber l'ancien paradigme Darwinien de la pseudo évolution linéaire, selon laquelle la sélection naturelle est le moteur de l'évolution des espèces dont la survie dépend

---

[1] Infos et quelques extraits du livre de Barbara Hand Clow auteur du « Code Maya »

du hasard. Son idée principale, comme nous l'avons vu plus avant, est que la force directrice de l'évolution est l'état de conscience et que toutes les consciences sont réunies dans l'univers, quel que soit leur règne, toutes les formes de vie ne font qu'un et sont toutes inter-reliées.

C'est à vous

En conclusion de tout ceci, il paraît assez évident que la trame de nos destins est liée. Nous ne sommes pas, ou en tout cas plus, des indivi-dus seuls et isolés (sauf bien sûr si tel est votre souhait).
Aussi ne vous contentez plus de supporter ce monde, RÊVEZ-LE !
A vous de jouer sur le grand échiquier de la vie.
Et pour en revenir au qualificatif le plus adapté pour vivre sereine-ment en ce monde, à vous également de choisir le mot de la

FIN ?

Mes sources

Ci joint une liste de sites enrichissants ayant peu ou prou influencé cet ouvrage et dont certains sont dotés de forums d'idées :

Un site d'un ou plusieurs auteurs mystérieux, très riche de par son contenu philosophique, scientifique, spirituel et métaphysique : http://sity.net

Le cours du temps. Réflexion scientifiques sur le temps et l'antimatière : www.conspirovniscience.com/lecoursdutemps.php

Un site attrayant sur l'astronomie, la physique quantique et pas mal de choses touchant à la science : www.astrosurf.com/luxorion/index.htm

Un site sur la théosophie :. Doctrine ancienne qui soutient que toutes les religions sont des projections et tentatives de l'Homme de connaître « le Divin », et que, par voie de conséquence, chaque religion possède une partie de la Vérité : www.theosophie.fr

Un site de super graphismes réalisés à partir d'images calculées par un générateur de fractales : www.wack.ch/frac/gallery.html

Pour découvrir l'hypothèse « Ummites », race extra-terrestre qui aurait laissé des messages dactylographiés sur terre : www.ummo-sciences.org

Le site plutôt perso d'une sage dame qui selon ses dires contient notamment des éléments de philosophie du bonheur à l'usage des moyennes personnes : www.morzhelleg.com

Un site retraçant l'historique des Utopies, sociétés idéales n'ayant pas ou très peu vu le jour et sur Thomas More qui en forgea le concept : http://expositions.bnf.fr/utopie/arret/d0/index.htm

Un site d'astronomie très riche en informations du style Science et Vie :www.cieletespaceradio.fr/index.php

L'encyclopédie du savoir relatif et absolu on line inspiré par l'œuvre de Bernard Werber : www.esraonline.com

Le site officiel de Bernard Werber, très captivant avec son arbre des futurs possibles, son forum d'idées, etc www.bernardwerber.com

Et bien sûr, le mien que je vous invite à découvrir (humour, littérature, musique, œuvres d'art picturales, forum idéosphère où nous pourrons débattre ensemble sur cet ouvrage ou sur d'autres idées nouvelles) : www.jackybourgogne.com

Pour le reste, je me suis inspiré d'ouvrages plus « classiques » sur support papier, comme « la Bible », « le Coran », « Un océan de Sagesse » du Dalaï Lama et bien sûr de mon intuition et imagination de terrien moyen branché sur la Noosphère ☺.

Contact et bibliographie

Jacky Bourgogne ?

Comment le joindre, qui est-il, d'où vient-il, que fait-il ? ;-)

Son site perso artistique et cocasse pour le découvrir :
www.jackybourgogne.com

Son Email : jacky.bourgogne@gmail.com

Ses Œuvres d'art pour tout savoir : (Sur Amazon en ebook et livres)

- « Enquêtes sur le sens de la vie » (2011) Ouvrage de philosophie
light . Une réflexion sur le sens de la vie sous forme d'interview-
fictions de grands penseurs comme Albert Einstein, Hubert Reeves,
le Dalaï Lama, Bernard Werber, Henri Laborit etc.

- « Maroc le découvrir, l'aimer, s'y installer. » (2012) Un livre édifiant
pour ceux qui souhaitent découvrir, vivre et travailler dans cet envou-
tant pays.

- « Dernières nouvelles du monde réel » (2013)
Comment fonctionne notre cerveau ?
 Pourquoi veut-on toujours avoir raison ?
Qu'est-ce qu'est vraiment l'amour ?
Que se cache-t-il dans l'Au delà ?
Et si ce monde n'était qu'une illusion ?
Vous trouverez dans cet ouvrage des réponses philosophiques et
scientifiques à ces questions, illustrées de petits contes et nouvelles
fantastiques. Et ce faisant, vous instruire tout en vous distrayant.

Cet ouvrage-ci se veut un témoignage de notre mode de pensée en cette décennie 2010/2020.

Si vous l'avez apprécié, partagez-le, transmettez-le et n'hésitez pas à nous transmettre votre propre témoignage en laissant un commentaire sur Amazon. Toute opinion ou critique lorsqu'elle est objective nous fait toujours progresser.

Merci d'avance et à bientôt j'espère ☼

Achevé en Novembre 2010
ISBN N° 978-2-9541076-0-8

www.ingramcontent.com/pod-product-compliance
Lightning Source LLC
LaVergne TN
LVHW051300200726

843510LV00010B/1207